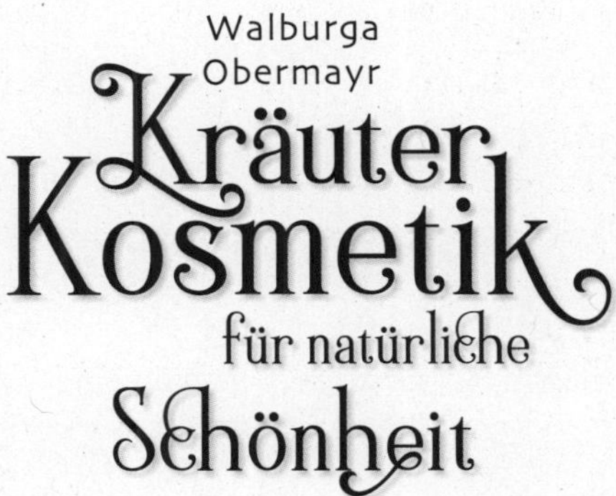


Zum Selbermachen nach überlieferten Rezepten:
Shampoos, Badeöle, Cremes, Salben, Essenzen,
Parfüms, Duftöle und vieles mehr

Komplett überarbeitete und aktualisierte Neuauflage der 1984 bei Edition Schangrila Verlags GmbH, Haldenwang erschienenen Erstausgabe *Kräuterkosmetik für natürliche Schönheit*

1. Auflage 2021
© 2020 Windpferd Verlagsgesellschaft mbH, Aitrang
Alle Rechte vorbehalten
Herausgegeben von Monika Jünemann und Sylvia Luetjohann
Kein Teil des Buches darf in irgendeiner Form oder zu irgendeinem Zweck elektronisch oder mechanisch, einschließlich Fotokopie, Recording und Wiederherstellung ohne schriftliche Genehmigung des Verlages wiedergegeben werden.
Der Verlag weist ausdrücklich darauf hin, dass er auf im Text enthaltene externe Links keinerlei Einfluss hat. Eine Haftung des Verlags ist daher ausgeschlossen.
Umschlaggestaltung: Jennifer Jünemann – bitdifferent
Illustrationen: Wolfgang Jünemann
Lektorat: Sylvia Luetjohann und Eva Wagner
Layout und Satz: Marx Grafik & ArtWork
Druck: Westermann Druck Zwickau GmbH

www.blauer-engel.de/uz195
• ressourcenschonend und umweltfreundlich hergestellt
• emissionsarm gedruckt
• überwiegend aus Altpapier
Dieses Druckprodukt ist mit dem Blauen Engel ausgezeichnet

Printed in Germany
ISBN 978-3-86410-310-0
www.windpferd.de

# Inhalt


**Das Bad**

**Badefreuden** 13

Bade- und Massageöle 25

Das Mazerieren von Kräutern in Flüssigkeit 25

Das Sammeln von Kräutern 25

Der Gebrauch des Kräuteröls 26

Duftende Massageöle 27

**Fußbäder**

**Füße und Fußpflege** 33

Müde Füße erfrischen 34

Erfrischungsbäder für die Füße 35

Wie man Maientau sammelt und reinigt 39

**Seife**

**Ein Streifzug durch natürliche Seifenvorkommen** 43

Die Wiederentdeckung der Seifensiederei 44

**Waschwasserzusätze** 48

**Haarpflege**

**Das Haar** 53

Haarwaschmittel 55

Einfache Haarpflegetipps 56

Pflanzenwäsche 58

Klärende Haarspülungen 58

Kräuterzusätze für die Essigspülung 59

Pflegende Haarspülungen 61

Haarpflege mit Öl 64

Haarpflege mit ätherischen Ölen 66

Pflanzliche Haarfarben 69

Farbspülungen 72

## Hautpflege

**Die Haut als Spiegel der Seele** 77

Die Hautpflege 80
Hautpflege mit ätherischen Ölen 80
Die Creme in der Hautpflege 81

Die Haut und ihre Rolle als Organ unseres Stoffwechsels 86
Ernährungsumstellung 87
Entgiftende, blutreinigende und entschlackende Kräutertees 88
Eine kleine Übersicht über die wichtigsten blutreinigenden Kräuter 88
Moderates Fasten 88

Die verschiedenen Hauttypen und ihre Probleme 90
Die entzündliche fettige Haut 90
Die empfindliche fettige Haut 93
Die trockene Haut 94

Cremes mit Emulgator 100
Kompressen 105

Duftpuder 108

Rasierwasser 112

Packungen 114

**Die Wirkungen von ätherischen Ölen auf die Haut** 120

## HAUT UND SONNE

**Sonnenbalsam für die Haut** 125

## Zahnpflege

**Traditionelle Zahnpflege** 137

Mundwasser 138
Selbst gemachte Zahnpasta aus der Tube 141
Die einfachsten Rezepte für die Zahnpflege 144

**Die Vielfalt der Düfte**

**Von süßen Wohlgerüchen** 151

Potpourris aus wohlriechenden Kräutern 154

Duftkugeln 157

Wie man Duftkugeln zubereitet 157

Das Trocknen von Rosenblättern 159

Lob des Lavendels 162

**Ätherische Öle – die guten Geister aus der Flasche** 167

Welche ätherischen Öle gut für die Psyche sind 168

**Verzeichnis der Basisstoffe** 171

**Rezeptverzeichnis** 181

# Einleitung

„Schönheit ist überall
ein gar willkommener Gast"

– Johann Wolfgang von Goethe –

Schönheit gilt als uraltes Ideal der Menschheit, und es gibt bis heute wohl kaum jemanden, an dem dieses Thema unbeachtet vorbeigegangen ist. Schönheit steht auch in sehr enger Verbindung mit dem Thema „Haut". Die Haut ist das am meisten betrachtete und beachtete Organ des Menschen, und das gilt vor allem für die Gesichtshaut. Sie ist bestimmender Teil unserer körperlichen Identität. In ihr spiegeln sich die Eindrücke vergangener Erfahrungen wider, und es kommen täglich neue hinzu, bis sie sich in Furchen und Falten manifestiert haben und so für jeden offensichtlich geworden sind.

Dieses Buch will jedoch keinesfalls die zweifelhaften Dogmen der Kosmetikindustrie unterstützen, die ein Leben nur dann als lebenswert erscheinen lassen, wenn es von jugendlicher Schönheit und Frische und der Abwesenheit von Falten geprägt ist.

Natürlich geht es auch hier um Schönheitspflege. Es gibt Rezepturen, welche die Haut jung erhalten, genauso wie faltenglättende Cremes und feuchtigkeitspendende Lotionen. Doch neben vielen praktischen Anleitungen und altbewährten Rezepten kommt es nicht zuletzt auch auf die Schönheitspflege von innen an. Damit ist nicht nur die Ernährung angesprochen, sondern in der Hauptsache auch die Pflege des Geistes. Falten sind ein schönes Beispiel dafür, um dies zu veranschaulichen. Sie kommen unweigerlich – wenn nicht früher, dann später, und letztlich führt kein Weg daran vorbei, sie irgendwann akzeptieren zu lernen. Doch auf die Frage, ob Falten ein Gesicht schön sein lassen oder eben nicht, gibt es keine eindeutige Antwort. Hier liegt es an uns selbst, an unserer Einstellung zum Leben, unserer Fähigkeit zum Lebensgenuss oder der Resignation im Lebensverdruss.

Außer frischen oder getrockneten Kräutern nehmen auch Pflanzenextrakte einen großen Raum in der Naturkosmetik ein. Dazu zählen ätherische Öle, Hydrolate, Tinkturen und weitere Pflanzenauszüge. Ein ganzes Kapitel in diesem Buch ist den ätherischen Ölen und ihren Wirkungen auf Geist und Psyche gewidmet. Sie helfen dabei, uns zu beruhigen und zu entspannen, können uns dabei unterstützen, Ängste zu lösen und leichtere depressive Verstimmungen zu vertreiben oder auch frische Energie zu wecken und sogar Euphorie entstehen zu lassen. Der thematische Ansatz ist aber weiter gefasst, denn es geht hier weniger um das spezielle Thema Aromatherapie als um Aromapflege oder Aromakosmetik.

Das Besondere und so Wertvolle an der Kräuterkosmetik besteht darin, dass sie nicht nur von außen wirkt. Die Wesenskräfte der Pflanzen werden über Salben, Cremes, Lotionen, Massageöle und Bäder durch die Haut aufgenommen; sie nähren und pflegen diese, werden durch sie aber ebenso an den Gesamtorganismus weitergegeben, sodass sie ganzheitlich auf Körper und Geist wirken können.

Für eine natürliche Hautpflege kommen natürlich auch nur natürliche und die allerfrischesten Zutaten infrage. Deshalb sind in den Rezepturen auch keine zusätzlichen Konservierungsstoffe enthalten. Diese würden die Pflegemittel zwar vor Verderb schützen und ihre Haltbarkeit erhöhen, aber dafür würden sie an Frische und Nährkraft einbüßen. Es ist auch wirklich nicht notwendig, Jahresvorräte an Hautpflegemitteln anzulegen. Wenn man sie für den Eigenbedarf immer wieder frisch herstellt, kann man außerdem aus der ständig wechselnden Vielfalt des großen Kräutergartens der Erde Nutzen ziehen und sich mit unterschiedlichen Rezepturen den wechselnden Haut- und Wetterbedingungen flexibel anpassen. Zudem haben auch etliche Zutaten einen konservierenden Charakter, beispielsweise sehr viele ätherische Öle und mit Alkohol hergestellte Tinkturen sowie das besonders haltbare Weizenkeimöl.

Alle Rezepte sind sehr einfach zusammengestellt, und die Wirkungsweise der einzelnen Bestandteile ist so weit wie möglich transparent gemacht. Dadurch können die Leser schon nach einer kurzen Zeit der praktischen Übung individuelle Rezepturen für den Eigenbedarf selbst kreieren. Falsch machen kann man eigentlich nichts, wenn man die wichtigsten Grundprinzipien beachtet, die an vielen Stellen im Buch zu finden sind. Auf diese Weise sollen die Rezepte auch Inspirationsquellen sein und zu eigenen Erfahrungen anregen. Die weiteren Informationen dienen in erster Linie als Hilfe zur Selbsthilfe. Es soll aber deutlich betont werden, dass die Angaben zur Dosierung und eventuelle Warnhinweise ganz genau zu beachten sind, um keine unliebsamen Überraschungen zu erleben. Ebenso wichtig sind die Angaben zur Pflanzenart, weil diese auch Aussagen über ihre heilenden und pflegenden Wirkungen enthalten. Schließlich sei noch der Hinweis nicht vergessen, dass auch bei der Hygiene auf allergrößte Sorgfalt zu achten ist, denn das verlangt schon unsere empfindliche Haut von allem, womit sie in Berührung kommt.

Die Anwendungen dieser Pflanzenzubereitungen ersetzen keine*n Mediziner*in, Heilpraktiker*in oder Therapeut*in und auch keine verschriebenen Medikamente, doch sie können bis zu einem gewissen Grad unterstützend wirken. Bei ernsthaften psychischen und anderen gesundheitlichen Problemen sollten sie jedoch keinesfalls in Eigenregie angewendet werden.

Begeben wir uns jetzt also gemeinsam auf eine spannende Entdeckungsreise, die gleichzeitig auch nicht nur für Haut und Haar lohnenswerte Erfahrungen bereithält.

Zeichenerklärung:

= veganes Rezept

Das
Bad

# Badefreuden

Schönheitspflege braucht Zeit, und hat man davon einmal ein wenig übrig, so ist dann zumeist ein richtig schönes, ausgiebiges Bad angesagt. Wasser und Seife scheinen zwar ausreichend zu sein, aber darüber hinaus ist wesentlich mehr möglich. Vieles ist in Vergessenheit geraten, doch wenn man sich wieder einmal etwas mit der Geschichte des Badens vertraut macht, wird gleich die Fantasie angeregt, und die Lust auf Badefreuden wird geweckt.

Baden ist in erster Linie Vergnügen, außerdem dient es der Schönheit und der Gesundheit. Im alten Ägypten badete man zuerst kühl, dann lauwarm und schließlich heiß. Diesen drei Badegängen folgte dann eine Massage mit wohlriechendem Öl. Die Römer wussten es sich dabei besonders gutgehen zu lassen. In großen Badehäusern gingen sie den Freuden der Schönheits- und Gesundheitspflege nach, begannen jedoch nicht wie die Ägypter mit dem Bad, sondern mit einer Ölsalbung des ganzen Körpers. Dann bekamen sie eine kalte Abreibung und nahmen anschließend ein lauwarmes und ein heißes Bad. Zur Entspannung folgte eine Massage mit duftenden Ölen. Das alles geschah nur selten alleine, sondern in Gesellschaft mit anderen, bei Unterhaltung oder auch mit Musikbegleitung im Hintergrund.

Badefreuden in Mitteleuropa wurden eigentlich erst im letzten Jahrhundert so richtig zur Gewohnheit. Zuvor gerierte man sich hier offenkundig als wasserscheu und badete nur dann, wenn es den anderen als unbedingt erforderlich erschien. Dieser europäischen Abneigung gegen das Waschen haben wir im Grunde dann auch die Entwicklung des Parfüms zu verdanken. Das mangelnde Vertrauen in die Qualität des Wassers hatte, um es unverblümt zu sagen, starken Gestank ebenso wie auch Hauterkrankungen zur Folge. So wurde dort, wo man es sich leisten konnte, der Verbrauch des Parfüms erhöht, doch vor den für die Haut leicht entzündlich wirkenden und hautreizenden Eigenschaften von Parfüms und, je nachdem, von ätherischen Ölen sei gewarnt. Ätherische Öle dürfen nur in sehr niedriger Dosierung zu den Rezepturen gegeben werden.

Aus Zeitgründen und um Wasser zu sparen wird heute zwar eher die schnelle Dusche genutzt, doch inzwischen wird auch in Europa wieder gerne gebadet. Wohltuende und verschönernde Badezusätze wurden entwickelt, doch ist vieles an einfachen Rezepturen wieder in Vergessenheit geraten und hat den Fertigprodukten der Körperpflegeindustrie Platz gemacht – leider, denn beim wohldurchdachten und bewusst gestalteten Wannenbad können wir auf so vielfältige Weise Einfluss auf unser Wohlbefinden nehmen.

Mit der Wahl der Badetemperatur fängt es bereits an: Ein lauwarmes Bad von 29 bis 35 °C wirkt beruhigend und entspannt Körper und Psyche. Ein heißes Bad von 36 bis 40 °C belebt den ganzen Organismus, jedoch nur dann, wenn es nicht länger als 10 bis 15 Minuten dauert; ansonsten schwächt es den Organismus und macht müde. In Japan ist es Brauch, noch wesentlich heißer zu baden (41 bis 45 °C). Das ist nicht nur als eine Gewohnheitssache zu sehen. Für Menschen mit Venenerkrankungen und bestimmten Kreislaufproblemen kann es sich allerdings sehr nachteilig auswirken, wenn sie zu heiß baden. Zur medizinischen Abklärung sollte hier auch ein Arzt konsultiert werden.

Bei demjenigen, der ein heißes Bad problemlos verträgt, lässt sich durch die verstärkte Durchblutung der Haut der Gesamtorganismus sehr gut beleben. Mit einem heißen Bad sind aber noch weitere positive Effekte verbunden. Schweiß besteht zu 99 % aus Wasser, das restliche 1 % ist abhängig von der individuellen Konstitution und auch von der Ernährung. Durch das Schwitzen kommt es zu einer Entschlackung, wobei wir die sogenannten Depotgifte, die wir zum Beispiel in Form von Schwermetallen, Pestiziden und Mineralölrückständen etc. täglich zumeist mit unserer Nahrung, aber auch über die Luft und das Wasser in uns aufnehmen, teilweise wieder ausscheiden. Jedenfalls tut es gut, wöchentlich mindestens einmal kräftig zu schwitzen, damit sich durch ein heißes Bad – vergleichbar dem Effekt der Sauna – die Poren öffnen und eventuelle Verstopfungen gelöst werden. Danach scheint die Haut zu strahlen, sie wirkt frischer und reiner. In erster Linie aber stärkt die Haut das Immunsystem und schützt vor Erkältungen und anderen Infekten. Darüber hinaus ist sie ein Organ mit vielfältigen Stoffwechselfunktionen.

Wasser und Seife an sich trocknen die Haut aus, was sich besonders nach einem längeren Bad bemerkbar macht. Um dem vorzubeugen und darüber hinaus hautpflegende und aromatherapeutische Wirkungen zu erzielen, ist es fast immer zu empfehlen, dem Badewasser ein Öl zuzusetzen. Dabei ist allerdings Folgendes zu beachten:

Aromaexpert*innen weisen darauf hin, dass ätherische Öle nicht isoliert angewendet werden dürfen, sondern verdünnt in einem Pflanzenöl als Trägeröl. In wässrigen Anwendungen wie einem Bad muss ein Emulgator zugegeben werden. Emulgatoren sind Hilfsstoffe, die dazu dienen, zwei nicht miteinander mischbare Flüssigkeiten (= Öl und Wasser) zu einem fein verteilten Gemisch, der sogenannten Emulsion, zu verbinden und zu stabilisieren. Bloßes Umrühren erzeugt nur eine vorübergehende Vermischung, keine dauerhafte chemische Verbindung.

Wenn du mit sehr trockener Haut zu tun hast, kannst du den Ölgehalt des Badewassers erhöhen, indem du das ätherische Öl mit einem duftenden und hautfreundlichen Pflanzenöl vermischst. Vergiss aber nicht, dass ätherische Öle nicht in konzentrierter Form von der Haut aufgenommen oder gar auf sie aufgetragen werden dürfen. Sie können auch hautreizend wirken oder allergische Reaktionen hervorrufen und dürfen überhaupt nur in sparsamster Dosierung verwendet werden.

Außerdem verflüchtigen sich durch die Wärme des Badewassers die ätherischen Substanzen und werden so, über die Resorption durch die Haut hinaus, inhaliert, womit sich ein zusätzlicher Effekt auf unsere Psyche und unser Wohlbefinden erzielen lässt. Doch auch hierfür müssen hochkonzentrierte ätherische Öle verdünnt werden.

## BUNTES KRÄUTERBAD

1 Handvoll Rosenblätter
1 Handvoll Rosmarinblätter
1 Handvoll Lavendelblüten[1]
1 Esslöffel Jasminblüten
2 kleine Lorbeerblätter
abgeriebene Schale von ½ Zitrone
6 Tropfen ätherisches Lavendelöl[2]
2 EL Oliven- oder Weizenkeimöl
10 ml Jojobaöl (oder ein anderer Emulgator nach Wahl)

Gib die getrockneten Kräuter in einen Topf, aufgefüllt mit 1 Liter kaltem Wasser. Erhitze die Mischung langsam auf dem Herd und bringe sie schließlich zum Kochen. Etwa 20 Minuten soll die Abkochung sanft köcheln. Dann stell sie zur Seite, reibe die Zitronenschale hinein und lass alles nochmals 10 Minuten ziehen. Jetzt wird die Flüssigkeit durch ein feines Leinentuch abgeseiht und ins Badewasser gegeben. Das ätherische Lavendelöl kommt zum Schluss, mit dem Emulgator vermischt, hinzu.

---

1 Für die therapeutische Nutzung wird generell der Echte Lavendel (*Lavandula officinalis*) verwendet.

2 wahlweise aus Echtem Lavendel oder Lavandin (*Lavandula x intermedia*), einer natürlichen Kreuzung aus Echtem Lavendel (*Lavandula officinalis*) und Speiklavendel (*Lavandula latifolia* oder *L. spica*)

Das Bad wirkt sehr erfrischend und zugleich entspannend durch die ausgewogene Kräuterzusammenstellung. Das Zitronenöl aus der Zitronenschale erfrischt die Haut, ohne hautreizend zu wirken, duftet herrlich und ergänzt sich ausgezeichnet mit dem Lavendelöl. So ist dieses Bad nach heißen, anstrengenden Sommertagen genauso geeignet wie als blitzartig wirksame Erfrischungskur vor einem langen und vielleicht auch anstrengenden Abend, etwa mit Gästen.

## GLÜCKS-BAD

3 Handvoll Lavendelblüten und -blätter
1 Teelöffel Atlantik-Meersalz
6–10 Tropfen ätherisches Lavendelöl
1 Lavendelseife auf Olivenölbasis
10 ml Jojobaöl (oder ein anderer Emulgator nach Wahl)

Gib die Lavendelblüten und -blätter in ein kleines Leinensäckchen und hänge es so in die Badewanne, dass das heiße Wasser direkt darüberläuft. Unter dieses Säckchen legst du die Oliven-Lavendel-Seife, sodass sich ein Teil davon im heißen Wasser auflöst. Sobald genug Wasser eingelaufen ist, nimmst du die Seife heraus und gibst das Salz sowie das Lavendelöl hinzu.

Dieses Bad wird Glücksbad genannt, weil es neben den wohltuenden Wirkungen auf den Gesamtorganismus und besonders auf die Haut (wirkt lindernd bei vielen Hauterkrankungen) hauptsächlich unser allgemeines Wohlbefinden beeinflusst. Es wirkt ausgleichend und beruhigend, zum Beispiel bei Nervosität oder Schlafstörungen, belebt das Gemüt bei nervöser Erschöpfung und bringt Lichtblicke in melancholische Anwandlungen oder emotionale Tiefs. Auf welche Weise und wodurch auch immer du dich psychisch unwohl gefühlt hast, nach diesem Bad wird es dir um einiges besser gehen.

## MEERESTAUBAD

115 ml Mandelöl
10 ml Weizenkeimöl
10 Tropfen ätherisches Rosmarinöl
25 ml Jojobaöl (oder ein anderer Emulgator nach Wahl)

**HINWEIS:** Schwangere dürfen keine Rosmarin-Rezepturen verwenden.

„Meerestau" ist die wörtliche Übersetzung von *„ros marinus"* aus dem Lateinischen. Immer dann, wenn die Energie – sei es nun körperlich oder psychisch – ein wenig herabgesetzt ist, kann ein Ölbad mit Rosmarin hilfreich sein. Es wird knapp dosiert, da Rosmarin auf empfindliche Haut reizend wirken kann. Das heißt: Nimm 1 bis 2 Teelöffel der Ölmischung auf ein Wannenbad. Diese Menge kann nach Belieben und bei Verträglichkeit auf bis zu 1 Esslöffel gesteigert werden.

Das Rosmarinbad wirkt sehr anregend auf den Kreislauf, gibt also frischen Schwung, und sollte deshalb niemals am späten Abend beziehungsweise vor dem Schlafengehen genommen werden. Am Morgen oder am Mittag ist es jedoch genau das Richtige.

## SOMMERBAD

115 ml Avocadoöl
10 ml Weizenkeimöl
40 Tropfen ätherisches Pfefferminzöl (*Mentha piperita*)
25 ml Jojobaöl (oder ein anderer Emulgator nach Wahl)

**HINWEIS**: Pfefferminzöl gehört zu den Ölen, die Kinder unter drei Jahren nicht verabreicht bekommen dürfen.

Diese Mischung gehört mit zu den am meisten erfrischenden Badeölen. Besonders in einem Bad im Sommer wirkt es angenehm kühlend, die aufsteigenden Dämpfe stärken außerdem in besonderem Maße die Nerven. Die angegebene Menge reicht für mindestens 12 bis 15 große Wannenbäder. Nimm pro Bad einen knappen Esslöffel davon.

## VERJÜNGUNGSBAD

100 ml Avocadoöl
25 ml Weizenkeimöl
25 Tropfen ätherisches Lavendelöl (Echter Lavendel oder Lavandin)
25 ml Jojobaöl (oder ein anderer Emulgator nach Wahl)

Dieses Lavendelbad duftet und verschönt zugleich. Es wirkt ausgleichend auf die Hautfunktion jedes Hauttyps, ob fettig, trocken, empfindlich oder von Akne geplagt.

Lavendel ist immer das Richtige. Er wird auch für seine hautverjüngenden Eigenschaften viel gelobt, denn er enthält eine zellerneuernd wirkende, die Haut regenerierende Substanz. Nimm auf ein Bad 1 Esslöffel davon, und du wirst erfrischt, entspannt, verjüngt und wohlriechend die Wanne wieder verlassen.

## APHRODISISCHES BAD

100 ml süßes Mandelöl
25 ml Weizenkeimöl
5 Tropfen ätherisches Ylang-Ylang-Öl
5 Tropfen ätherisches Sandelholzöl
5 Tropfen ätherisches Jasminöl
25 ml Jojobaöl (oder ein anderer Emulgator nach Wahl)

Nimm von dieser Komposition auf ein großes Wannenbad 2 bis 3 Teelöffel. Beinamen wie „Blume der Blumen" oder „Mondlicht im Hain" wurden diesen exotischen und betörenden Düften früher gegeben. So schön wie sie klingen, vermögen sie bereits die Fantasie anzuregen und vermitteln damit schon viel von der Energie, die in ihnen steckt. Ylang-Ylang, dieser lang anhaltende euphorisierende Duft, regt den ganzen Organismus an und ist von alters her ein Mittel bei Impotenz und Frigidität. Sandelholz hilft dabei, Ängste und depressive Verstimmungen zu lösen, ebenso wie Jasmin, der die Stimmung hebt. Es gibt kaum bessere Voraussetzungen für einen zwischenmenschlichen Energieaustausch.

### ATTAR BAD (ANTI-STRESS-BAD)

100 ml Avocadoöl
25 ml Weizenkeimöl
25 Tropfen Rosenöl (*Rosa* x *damascena*)
25 ml Jojobaöl (oder ein anderer Emulgator nach Wahl)

Nimm pro Wannenbad 2 bis 3 Teelöffel von dieser Duftkomposition. Die Rose wird von der Venus regiert, das heißt, sie ist von wohlgefälligem Duft und wirkt besonders unterstützend auf die weiblichen Organe. Außerdem wirkt ein Bad mit Rosenöl ausgleichend auf das venöse Gefäßsystem und das Nervensystem. So wird akuten Stresssymptomen gut entgegengewirkt und körperliche wie psychische Ausgeglichenheit unterstützt.

### KAMILLEN-HAUTPFLEGEBAD

100 ml süßes Mandelöl
25 ml Weizenkeimöl

40 Tropfen ätherisches Kamillenöl (Echte Kamille, *Matricaria recutita*, auch *M. chamomilla*)
25 ml Jojobaöl (oder ein anderer Emulgator nach Wahl)

Verwende pro Wannenbad 2 bis 3 Teelöffel von dieser Mischung. Die Kamille hat hervorragende hautpflegende und entzündungshemmende Eigenschaften. Bei Hautentzündungen, Dermatitis, Akne, überempfindlicher Haut, allergischen Symptomen und kleinen Verletzungen helfen ihre antiseptischen wie antiallergischen Wirkstoffe. Damit ist ein Kamillenbad immer auch dann angesagt, wenn schmerzhafte Hautprobleme vorliegen.

### HONIGBAD

5 Esslöffel Blütenhonig
100 g Ringelblumenblüten

Dies ist ein außerordentlich heilendes und reinigendes Bad, das darüber hinaus hautverjüngende Eigenschaften hat. Besonders über die Heilkraft des Honigs ließe sich so viel Gutes sagen, dass man Bände damit füllen könnte. Stellvertretend sollte hier das alte Sprichwort genügen: „Dort, wo ein Bienenstock steht, werden zehn Ärzte brotlos." Auch die Ringelblume wirkt reinigend und zusammenziehend und regt den Kreislauf an. Sie hilft außerdem bei der Gewebeneubildung.

Koche die Ringelblumenblüten 15 Minuten lang in ½ Liter Wasser, seihe sie dann ab und gib den Absud in das Badewasser; schließlich rührst du den Honig unter.

In diesem Bad solltest du mindestens eine halbe Stunde verweilen, damit genügend Zeit ist, so viel wie möglich von diesen wohltuenden Substanzen aufzunehmen. Währenddessen solltest du dir das Badewasser auch immer wieder über das Gesicht laufen lassen, damit die dem Honig zugesprochenen hautverjüngenden Eigenschaften auch der Gesichtshaut zugute kommen.

Die Wassertemperatur sollte nicht mehr als 35 °C betragen.

## MEERESBAD

400 g Atlantik-Meersalz, grob und unbehandelt

Gib das Meersalz in die Wanne und lass ausreichend lauwarmes Wasser einlaufen.

Dieses Bad regt den Kreislauf an und entzieht der Haut Feuchtigkeit und Flüssigkeit. Um seine Wirkungen zu unterstützen, solltest du anschließend eine gründliche Dusche nehmen und dann ein wenig Gymnastik treiben. Im Anschluss daran nochmals duschen, abwechselnd lauwarm und kalt, und dann den ganzen Körper mit einem pflegenden Öl massieren. Rosmarinöl ist hierfür besonders gut geeignet wegen seiner engen Beziehung zum Wasser („Meerestau"), was sich davon ableiten könnte, dass der Strauch entlang der Küsten des Mittelmeers wächst.

## KAROTTEN-PFLEGEBAD

2 Liter Bio-Karottensaft
2 Teelöffel Weizenkeimöl
10 ml Jojobaöl (oder ein anderer Emulgator nach Wahl)

Lass heißes Wasser in die Wanne laufen, gib dann den Karottensaft hinzu und rühr schließlich auch das Öl hinein. Ein Karottenbad ist sozusagen ein Vitaminbad. Neben reichlichen Anteilen an Beta-Carotin – dem Provitamin A – und Vitamin E ist auch der ganze Vitamin-B-Komplex darin enthalten.

## WÄRMENDES SENFBAD

4 Esslöffel Senfsamenpulver
3 Teelöffel Weizenkeimöl
3 Teelöffel Jojobaöl (oder ein anderer Emulgator nach Wahl)

**HINWEIS:** Bei diesem Rezept sei vorausgeschickt, dass es nur mit einer gewissen Einschränkung empfohlen wird. Der scharfe und hautreizende Senf darf nur mit großer Vorsicht angewendet werden, damit es nicht zu Verbrennungen der Haut kommt. Andererseits werden dem Senf traditionell viele gesundheitsförderliche Qualitäten zugesprochen. Als Gewürz gilt er als verdauungsfördernd. In der Phytotherapie haben Senfsamen eine durchblutungsfördernde Wirkung auf die Haut. Die Wassertemperatur darf beim Kontakt damit maximal 45 °C betragen. Es wird dazu geraten, dass Erwachsene ein solches Senfbad höchstens 10 Minuten, Kinder ab 6 Jahren nicht länger als 5 Minuten vornehmen. Die danach oft gerötete Haut sollte gründlich mit einem pflegenden Hautöl, wie Johanniskraut- oder Lavendelöl, eingerieben werden.

Reibe zuerst deinen ganzen Körper mit dem Weizenkeimöl ein. Währenddessen lass heißes Wasser in die Wanne einlaufen. Gib das Senfsamenpulver zum Auflösen in etwa 1 Liter Wasser, das du zuvor bis kurz vor dem Siedepunkt erhitzt hast. Dabei ist es wichtig, den Senf nicht zum Kochen zu bringen. Gut eingeölt steigst du dann in die Wanne und bleibst so lange im Wasser, wie du ein angenehm wärmendes Gefühl auf der Haut verspürst, jedoch höchstens 10 Minuten.

Senfbäder regen den Kreislauf an, wirken erwärmend bis schweißtreibend und sind deshalb bei beginnenden Erkältungskrankheiten angesagt. Ist eine Erkältung jedoch schon weiter fortgeschritten, solltest du anstelle eines Bades einen Senfwickel anlegen, der ebenfalls höchstens 10 Minuten einwirken darf, und danach im warmen Bett bleiben.

Auch beim Senfwickel, der nach dem Vorbild eines Leberwickels anzulegen ist, solltest du dich vorher, besonders bei empfindlicher Haut, gut einölen, am besten mit nährendem Weizenkeimöl.

## KLEIEBAD

400 g Weizenkleie

Füll die Kleie in ein Säckchen aus grobem Leinen und hänge dieses beim Einlaufen des Badewassers unter den Wasserstrahl, damit ein Teil der Kleie sich einen Weg durch das Gewebe bahnen kann. Zu einem Kleiebad passt es gut, anschließend eine Massage mit Weizenkeimöl oder mit einem anderen pflanzlichen Öl, das mit Weizenkeimöl angereichert worden ist, zu bekommen. Mit einem Kleiebad wird deine Haut samtig weich.

## ESSIG-ABREIBUNG NACH DEM BAD

5 Handvoll rote Rosenblüten
1 Handvoll Lavendelblüten (Echter Lavendel oder Lavandin)
½ Liter Bio-Obstessig

Essigabreibungen wirken sehr erfrischend, fördern die Durchblutung und intensivieren den Selbstschutz der Haut.

Gib den Essig zusammen mit den Blüten in ein weithalsiges Glasgefäß und lass die Mischung 14 Tage darin mazerieren, das heißt: du stellst einen Auszug her (Anleitung siehe unten). Seihe schließlich das Mazerat ab und füll es in eine Gebrauchsflasche um.

## Bade- und Massageöle

Duftende Bade- und Massageöle aus wohlausgesuchten Kräutern, in Öl mazeriert, lassen sich leicht selbst herstellen.

### Das Mazerieren von Kräutern in Flüssigkeit

Unter Mazerieren verstehen wir den Vorgang, wenn Kräutern ihre aromatischen oder heilsamen Inhaltsstoffe entzogen, das heißt: extrahiert werden (lat. *extrahere* = herausziehen und *macerare* = einweichen). Das fertige Endprodukt wird als Mazerat bezeichnet. Mit dieser Methode können Wasserauszüge (Tees), Ölauszüge (in fettem Öl) oder Tinkturen (in Alkohol) hergestellt werden.

Das für Kräuter-Öl-Auszüge verwendete Öl sollte immer von bester Qualität sein. Das am ehesten erschwingliche fette Öl ist ein gutes, natives und kaltgepresstes Olivenöl bzw. aus erster Pressung. Aber auch Sonnenblumenöl, süßes Mandelöl, Weizenkeimöl und Avocadoöl sind gut geeignet und können ganz nach unseren persönlichen Vorlieben gewählt werden.

Um einen öligen Kräuterauszug herzustellen, füllst du in 125 ml Öl nach deiner Wahl so viele Kräuter ein, bis das Öl die Kräuter bedeckt. Auf diese Ölmenge sind das etwa 50 Gramm Kräuter, wobei sich das Verhältnis von Kraut zu Kraut ändern kann, da jedes ein anderes Volumen einnimmt. Es empfiehlt sich aus praktischen Gründen, dafür ein weithalsiges Glasgefäß mit Schraubdeckel zu verwenden, das sich gut verschließen lässt.

### Das Sammeln von Kräutern

Am besten sammelst du die Kräuter selbst, dann ist immer die Gewähr der Frische gegeben, denn nach spätestens einem Jahr haben die daraus hergestellten Produkte einen Großteil ihrer Wirkstoffe eingebüßt; das wird als „überjährig" bezeichnet. Ein weiterer Vorteil ist, dass du den Sammelort genau bestimmen kannst. Dieser sollte abseits von Straßen, Wegen, nicht auf konventionell bewirtschafteten oder durch Dünung und Schädlingsbekämpfung belasteten Feldern liegen, und natürlich fern von Großstädten, Kohle- und Atomkraftwerken. Man wird dann leider auch sehr schnell feststellen müssen, dass es gar nicht so leicht ist, einen geeigneten Sammelort zu finden. Doch es ist auch heute zum Glück immer noch möglich und deshalb auch sehr lohnenswert und unbedingt zu empfehlen.

Darüber hinaus muss jeder, der Kräuter sammeln und weiterverarbeiten will, vorab klären, ob er die Pflanzen eindeutig selbst bestimmen, also richtig identifizieren kann. In Naturschutzgebieten darf nicht gesammelt werden, und auch außerhalb davon gibt es gerade unter Heilpflanzen solche, die besonders geschützt sind. In diesem Fall müssen wir auf gekaufte Ware zurückgreifen. Generell sind frische, hochwertige Kräuter heute Standard in Bioläden und besonderen Biogärtnereien. Das ist eine gute Alternative zum Selbersammeln.

Falls möglich, ist selbst gesammelten Kräutern aber stets der Vorzug zu geben, denn auf einer feinstofflichen Ebene verstärkt sich die Wirkung eines Heilmittels, wenn wir es von Anfang an selbst herstellen und damit auch den unmittelbaren Kontakt zur Natur halten. Denn viele feine Schwingungen werden schon allein durch die Berührung mit dem Kraut übermittelt und verbreiten so ihre heilenden Kräfte.

## Der Gebrauch des Kräuteröls

Lass das Öl-Kräuter-Gemisch nun etwa 30 Tage lang stehen. Seihe das Öl dann ab, drück die Kräuter gründlich aus und bewahre das Öl kühl und gut verschlossen auf. Damit hast du ein einfaches Kräuteröl hergestellt, das sich unverdünnt verwenden lässt.

Im gleichen Zeitraum kannst du auch einen sehr komprimierten Kräuter-Öl-Auszug herstellen. Dazu erhöhst du die Ölmenge um 20 % auf 150 ml und nimmst die 5- bis 10-fache Menge an Kräutern. Im Laufe von 30 Tagen werden die Kräuter nun in regelmäßigen Abständen ersetzt. Damit bekommst du ein intensiv duftendes Öl, das du mit Pflanzenöl wieder zurück auf die gewünschte Stärke verdünnen kannst.

Dem auf diese Weise gewonnenen Öl kannst du dann noch ein ätherisches Öl des gleichen oder eines anderen Krautes zusetzen. Mit dem Öl des gleichen Krautes lässt sich dessen Wirkung aromatherapeutisch verstärken, und mit anderen intensiv duftenden Kräutern kannst du das Massage- oder Badeöl sehr schön parfümieren oder weitere Wohlfühl-Akzente setzen. Zum „Parfümieren" eignen sich besonders die ätherischen Öle von Sandelholz, Rose, Jasmin, Ylang-Ylang, Lavandin, Pfefferminze, Ysop und Zitrone, die alle einen starken, lang anhaltenden Duft haben. Gib dazu auf etwa 125 ml Pflanzen- oder Kräuteröl 15 bis 30 Tropfen des ätherischen Öls und schüttle alles gut und ausgiebig durch.

## Duftende Massageöle

Ganz auf die eigene Nase können wir uns bei der Zusammenstellung wohlriechender und pflegender Öle zur Massage des Körpers verlassen. Die Ölgrundlage bildet dabei immer ein Pflanzenöl oder ein Gemisch aus mehreren Pflanzenölen. Wenig Eigengeruch haben Avocado- oder Distelöl, süßlich duften Traubenkern- und süßes Mandelöl. Erdnuss- und Haselnussöl haben einen süßlich-herben Duft, und Weizenkeim- und Olivenöl können ihre Herkunft am wenigsten verbergen. Jedes dieser Öle, durch Kaltpressung gewonnen, hat hervorragende hautpflegende Eigenschaften und wird von jedem Hauttyp gut aufgenommen.

Besonders die weitgehend geruchsneutralen Öle lassen sich gut mit ätherischen Ölen verbinden, wodurch sich betörende Duftkompositionen herstellen lassen.

Weizenkeimöl ist am längsten haltbar. Schon eine kleine Menge davon erhöht die Haltbarkeit einer Ölmischung. Denn ist ein Massageöl erst einmal in Gebrauch, kommt es mit Sauerstoff in Kontakt und wird dadurch ranzig (das heißt, es oxidiert), so verliert es seine Haltbarkeit. Dann darf es auf keinen Fall mehr verwendet werden. Diese Zeitspanne bezieht sich natürlich nur auf frische Öle aus der letztjährigen Ernteperiode.

### JOHANNISKRAUTÖL

5 Handvoll Johanniskrautblüten und junge -blätter
½ Liter Olivenöl
2 Esslöffel Weizenkeimöl

Am besten wird am 24. Juni, dem Johannistag, mit dem Sammeln und Mazerieren begonnen. Das Johanniskraut blüht an verschiedenen Standorten über einen längeren Zeitraum während des Sommers.

Fülle für dieses Mazerat 1 Handvoll Johanniskraut zusammen mit dem Öl in ein weithalsiges Glasgefäß, verschließe es fest und stell es 14 Tage an einen warmen Platz in die Sonne. Dann seihe das Öl in ein neues weithalsiges Gefäß ab, drück die Kräuterrückstände gut aus, füll eine weitere Handvoll des Krautes ein und wiederhol diesen Vorgang mehrere Male nach Lust und Laune. Auf diese Weise hast du nach 2½ Monaten Anfang September ein herrlich duftendes, dunkelrot gefärbtes Öl. Zur besseren Konservierung fügst du noch das Weizenkeimöl hinzu und bewahrst das fertige Öl an einem dunklen Ort auf.

Johanniskrautöl ist als Hautpflegemittel seit Jahrhunderten beliebt und bewährt.

125 ml reines Pflanzenöl aus erster Pressung
25–50 g frische Blüten von Echter Kamille[3] (*Matricaria recutita*, auch *M. chamomilla*; volkstümlich auch „Deutsche Kamille")

Lass die Kamillenblüten nach dem Sammeln einen Tag lang antrocknen. Dann werden sie zusammen mit dem Öl in ein Glasgefäß gegeben, das Glas wird fest verschlossen und 30 Tage in die Sonne gestellt. Verwende pro Bad 1–2 Esslöffel der Blüten.

Die Kamille enthält ein sehr wirksames ätherisches Öl, das sich besonders durch seine entzündungshemmenden Eigenschaften auszeichnet. Der Hauptwirkstoff des Öls ist das Azulen, das sich erst beim Antrocknen der Pflanze in größerer Menge bildet und für die blaue Farbe des Kamillenöls verantwortlich ist. Vor allem diesem Wirkstoff kommt die entzündungshemmende Kraft zu. Die auf biologisch angebauten Getreidefeldern gesammelten Kamillenblüten haben den höchsten Gehalt an Azulen.

Bevor wir Kamillenblüten sammeln, sollten wir uns aber genau darüber erkundigen, ob es sich um das Feld eines Biobauern handelt, und außerdem kein Feld betreten, ohne die vorherige Erlaubnis des Bauern einzuholen.

3 Echte Kamille und Römische Kamille (*Chamaemelum nobile*) haben sehr ähnliche Eigenschaften. Da die traditionellen Quellen bei der Echten Kamille ihre besondere Affinität zu Haut und Schleimhaut hervorheben, ist bei diesem Rezept die Wahl auf sie gefallen.

### **MALVENÖL** (BEI TROCKENER, SPRÖDER HAUT)

250 ml Olivenöl
4 Esslöffel Malvenblüten und -blätter
2 Tropfen ätherisches Jasminöl

Gib die Malvenblüten und -blätter mit dem Olivenöl in ein weithalsiges helles Glasgefäß und stell es gut verschlossen 30 Tage lang an einem warmen Platz in die Sonne. Nach dieser Zeitspanne wird das Öl durch ein feines Leinentuch in ein dunkles Glas abgeseiht, die Kräuterrückstände werden dabei gut ausgepresst. Jetzt kommt das Jasminöl hinzu, und dann wird alles gut verschüttelt.

Massagen mit diesem Öl wirken durchblutungsfördernd und gleichzeitig beruhigend. Die in der Malve enthaltenen Schleimstoffe haben eine pflegende und entspannende Wirkung auf trockene und spröde Haut. Das gilt ebenso für das Jasminöl, das auch bei geröteter Haut hilft, nicht aber bei Sonnenbrand, weil geschädigte Haut nicht mit ätherischem Öl in Kontakt kommen sollte. Malvenöl ist sowohl für die Körper- als auch für die Gesichtsmassage geeignet.

Fußbäder

# Füße und Fußpflege

Wie das Gesicht der Spiegel aller vergangenen und gegenwärtigen Erfahrungen ist, so spiegelt sich in unseren Füßen die Art und Weise wider, wie wir im Leben stehen und durchs Leben gehen. Deshalb sollten wir ihrer Pflege mindestens genauso viel Beachtung schenken wie der Gesichtshaut. Die Füße gehören, obwohl sie die ganze Last des Körpers tragen müssen, mit zu den empfindungsreichsten Körperteilen. Dort liegen die Reflexzonen dicht an der Hautoberfläche, nehmen Signale auf und geben diese an die inneren Organe weiter. Mit aus diesem Grund ist es auch so wichtig, ihnen die gebührende Aufmerksamkeit zu schenken. Ein unausgewogenes Gehverhalten kann zum Beispiel einen starken Anreiz auf bestimmte Körperzonen ausüben, während andere von der Stimulanz her völlig vernachlässigt werden, denn mit jedem Schritt werden Reflexzonen berührt. Fußpflege ist also auch Organpflege, das heißt, dadurch gewinnen wir an Gesundheit und somit auch an Schönheit.

Barfußlaufen ist das Einfachste und Gesündeste, was wir für unsere Füße tun können. Die Füße erhalten dadurch eine natürliche Massage, Licht, Luft, Regen oder Morgentau – also alles, was auch sonst der Schönheit zugute kommt.

Eine Fußmassage entspannt und fördert zugleich die Durchblutung, ebenso ein Fußbad, mit dem sich außerdem noch angenehme pflegende Wirkungen erzielen lassen.

## Müde Füße erfrischen

Der Breitwegerich (*Plantago major*) ist eine sehr widerstandsfähige Pflanze. In Europa gilt er seit dem Mittelalter als verbreitetes Volksheilmittel. Vor allem der Saft aus den zerquetschten Blättern wirkt entzündungshemmend und fördert die Wundheilung. Als der Breitwegerich später mit den europäischen Siedlern nach Nordamerika kam, wurde er von der indianischen Urbevölkerung als „Fußstapfen des weißen Mannes" bezeichnet.

**HINWEIS:** Der Wegerich darf allerdings nicht mit der Wegwarte verwechselt werden, wie dies gar nicht so selten geschieht. Die Gewöhnliche Wegwarte (*Cichorium intybus*), auch Zichorie genannt, wächst in Mitteleuropa häufig an Wegrändern und wird mit ihren blauen Blüten gerne mit der alten Sage in Verbindung gebracht, wonach ein Mädchen so lange vergeblich auf die Rückkehr ihres Liebsten wartet, bis sie schließlich in die Pflanze dieses Namens verwandelt wird.

Die folgende Rezeptempfehlung für müde Füße vom Wandern ist zweifellos von den oben erwähnten „Fußstapfen" abgeleitet:

### WEGERICHSAFT BEI MÜDEN FÜSSEN VOM WANDERN

1 Handvoll Breitwegerichblätter (*Plantago major*)
1 Teelöffel Weizenkeimöl

Die Breitwegerichblätter werden im Mörser zerstoßen. Dann wird der Saft herausgedrückt und unter kräftigem Schlagen das Weizenkeimöl untergerührt. Bevor du nun die Beine mit diesem Saft einreibst, nimmst du Wechselbäder und gehst wie folgt vor: Stell deine Füße zunächst fünf Minuten in angenehm warmes Wasser (ca. 35–38 °C), tauche sie danach für 10–15 Sekunden in kaltes Wasser (bis 18 °C), wechsle wieder zu warmem Wasser und beende das Fußbad mit kaltem Wasser.

## Erfrischungsbäder für die Füße

Kräuterfreunde werden niemals müde, uns zu versichern, dass jedes Kraut, das die Natur uns im Überfluss schenkt, mit Sicherheit über besondere Qualitäten verfügen muss. Diese Wahrheit wird von vielen sogenannten „Unkräutern" bezeugt, darunter auch ganz besonders vom Huflattich, der selbst in großen Städten auf jedem unbebauten Fleckchen Erde zu finden ist.

Um eine so weit verbreitete Pflanze ranken sich viele alte Bräuche ebenso wie auch überlieferte Anwendungsmöglichkeiten aus der Volksheilkunde. Der seidenartige Huflattich-„Flaum" wurde als Füllung für Bettzeug verwendet und sorgte für herrlich weiche Ruhekissen. Auch die medizinische Verwendung ist recht vielseitig. Seit den Tagen des Hippokrates gilt ein Teeaufguss aus Huflattichblüten als ausgezeichnetes Heilmittel bei allen Brust- und Atemproblemen und wird auch für Inhalationen genutzt. Selbst die Verwendung der getrockneten und kleingeschnittenen Blätter als Tabak scheint einen ähnlichen Zweck zu erfüllen.

Der bereits seit einiger Zeit kursierende Verdacht, dieses uralte Heilkraut löse Vergiftungen aus, und das damit einhergehende teilweise Verbot wegen seiner vermeintlich Halluzinationen auslösenden Wirkung bezieht sich in erster Linie wohl auf seine innerliche Anwendung als Schleimlöser in Hustensaft.

Nach der Volksmedizin wurden die frischen Blätter auch auf Wunden aufgelegt. Von seinen wohltuenden Eigenschaften für die Füße zeugt folgendes Rezept:

### HUFLATTICH-ERFRISCHUNGSFUSSBAD

1 Handvoll getrocknete Huflattichblätter
1 Handvoll frische grüne Huflattichblätter

Koche aus den getrockneten Huflattichblättern in 1 Liter Wasser einen Absud. Füll diesen dann mit warmem Wasser auf und nimm darin ein ausgiebiges Fußbad. Die grünen Huflattichblätter werden nach dem Bad auf die Füße gelegt und mit einem Umschlag fixiert. Die Auflage sollte ein bis zwei Stunden auf den Füßen bleiben. Diese Kur ist besonders geeignet, wenn die Füße durch langes Stehen angeschwollen sind.

## FUSS-FIT-BAD

2 Handvoll Zinnkraut (= Ackerschachtelhalm, *Equisetum arvense*)
10 Tropfen Arnikatinktur
2 Teelöffel Olivenöl

Koche das Zinnkraut in 2 Liter Wasser 20 Minuten lang auf kleiner Flamme. Dann verlängere die Flüssigkeit auf die Menge, die für ein Fußbad nötig ist, und bade die Füße 20 Minuten darin. Danach werden die Füße kurz in kaltem Wasser erfrischt und anschließend abfrottiert. Durch eine ausgiebige Massage mit der Mischung aus Olivenöl und Arnikatinktur bekommt dieses Bad den krönenden Abschluss.

Dies ist ein herrliches Mittel zur Rekonvaleszenz bei müden und leicht entzündlichen Füßen.

## FUSSBAD BEI SCHWITZENDEN FÜSSEN

1–2 Tropfen ätherisches Muskatellersalbeiöl
1–2 Tropfen ätherisches Zypressenöl (*Cupressus sempervirens*)
1–2 Tropfen ätherisches Lavendelöl (Echter Lavendel oder Lavandin)
1–2 Tropfen ätherisches Wacholderöl
2 Esslöffel Olivenöl
1–2 Esslöffel Jojobaöl

Vermische die ätherischen Öle, das Olivenöl und das Jojobaöl mit 5 Liter Wasser, am besten mit aufgefangenem Regenwasser. Erwärme dies auf 40 °C und nimm darin ein ausgiebiges Fußbad. Auch die Nase kannst du, wenn möglich, in einem gewissen Abstand über das Wasser halten, damit du in den Genuss der aufsteigenden wohltuenden Dämpfe kommst.

Dieses Fußbad wird sehr erfolgreich gegen Schweißfüße eingesetzt. Du solltest es etwa 3 Wochen lang täglich einmal wiederholen und während dieser Zeit auch täglich zweimal die Strümpfe und Schuhe wechseln. Nach jedem Wechsel werden die Strümpfe zur Wäsche gegeben und die Schuhe mit ätherischem Bergamotteöl desinfiziert, das zu diesem Zweck mit destilliertem Wasser in eine Sprühflasche gefüllt wird: 15 Tropfen auf ½ Liter destilliertes Wasser. Da hier kein Emulgator verwendet wird, muss vor jeder Anwendung kräftig geschüttelt werden, damit sich das Öl nicht vom Wasser entmischt. Die Schuhe werden dabei leicht feucht und müssen anschließend gut trocknen.

## KAMPFERÖL

125 ml Olivenöl
1 Messerspitze Kampfer
1 Esslöffel 90%-iger Ethanol (Weingeist)

Löse den Kampfer im Alkohol und gib diese Mischung mit dem Olivenöl in eine dunkle Glasflasche.

Dieses Öl wärmt, wenn die Füße kalt sind, und soll, wie es heißt, obendrein auch die Schweißfüße vertreiben.

## ROSMARINESSIG BEI MÜDEN FÜSSEN

1 Esslöffel Rosmarinblüten und -blätter
500 ml Obstessig
2 Esslöffel 70%-iger Alkohol (Weingeist)
5 Tropfen ätherisches Zitronenöl

Gib den Rosmarin mit dem Obstessig in eine helle Glasflasche und stell die Mischung gut verschlossen 30 Tage an einem warmen Platz in die Sonne. Dann seih den Kräuteressig durch ein feines Leinentuch in eine dunkle Flasche ab und füge den Weingeist und das Zitronenöl hinzu.

Dieser Essig wirkt durchblutungsfördernd und belebend. Werden die müden Füße und Beine damit eingerieben, so wirst du bald wieder auf die Beine kommen und fit und munter sein.

## MAIENTAU

Gibt es ein Schönheitsmittel mit wohlklingenderem Namen? Nein – und es gibt auch sicher niemanden, der es verschmähen würde, mit bloßen Füßen einen Morgenspaziergang durch Maientau zu unternehmen, wenn er oder sie nur Gelegenheit dazu hätte. Es ist schwer, eine genaue Wirkung des Maientaus zu beschreiben, weshalb wir bei derartigen Unternehmungen vielleicht einfach nur auf die wohltuenden Begleiterscheinungen wie das Laufen mit bloßen Füßen und die Stimulierung der Fußreflexzonen achten sollten.

Die alten Kräuterkundigen konnten uns dagegen ganz andere Empfehlungen geben:

## Wie man Maientau sammelt und reinigt

An einem schönen Morgen, wenn in der Nacht zuvor kein Regen gefallen ist, soll man den Maientau mit einem großen und ganz sauberen Schwamm von Gewürzkräutern, Gras und Getreide absammeln. Zu Hause wird er dann sauber durchgefiltert und in Gläsern, die man mit durchlöchertem Papier oder Pergament zudeckt, in die Sonne gestellt. Das Filtrieren sollte mehrmals wiederholt werden. Der Tau wird an einen sehr warmen Platz in die Sonne gestellt, bis er ganz weiß und durchsichtig geworden ist. Dieser Vorgang wird vermutlich den größten Teil des Sommers in Anspruch nehmen.

Von einigen Kräuterkundigen wurde früher empfohlen, dass sich Maientau, von Fenchel und Schöllkraut abgesammelt, ganz ausgezeichnet für die Behandlung von entzündeten Augen bewährt hat. Andere empfahlen ihn, nach genau der gleichen Zubereitung, anstelle von Rosenhydrolat sowie für die Konservierung von Früchten und Blüten, wofür er sogar noch besser geeignet sein soll.

Seife

# Ein Streifzug durch natürliche Seifenvorkommen

Die Seifenherstellung hat eine lange Geschichte. Erste seifenähnliche Erzeugnisse gab es schon im Altertum, und Seifensieder arbeiteten bereits im 9. Jahrhundert in Marseille, dann in Genua, und verbreiteten sich wegen der dort wachsenden Olivenbäume rund um das Mittelmeer.

Neben der manuellen oder industriellen Seifenfertigung bietet die Natur einige Seifenstoffe, die in Pflanzen oder der Erde vorkommen und, in Wasser eingelegt, eine seifige Lösung bilden.

Am bekanntesten ist wohl das Echte oder Gewöhnliche Seifenkraut (*Saponaria officinalis*) aus der Familie der Nelkengewächse. In Deutschland ist es mit seinen weißen bis rosafarbenen Blüten am meisten verbreitet. Es enthält seifenartige, giftige Substanzen, die in Wasser stark schäumen, die Saponine. Nicht nur wegen der Giftigkeit, auch wegen der Laugenwirkung wird von einer Verwendung in Do-it-yourself-Methode abgeraten.

Besonders zu erwähnen unter den Seifenbäumen ist der Waschnussbaum (*Sapindus saponaria*), der in Süd- und Mittelamerika heimisch ist. Wertvollster Bestandteil sind die Früchte oder Nüsse, die seit vielen hundert Jahren zum Waschen verwendet werden.

Ein anderer tropischer Baum, der Seifenrindenbaum (*Quillaja saponaria*), hat eine saponinhaltige Rinde („Panamarinde"), die zu feinen Spänen gehobelt wird. Ein daraus gewonnener Extrakt wird als Waschmittel für feines Gewebe verwendet, vor allem aber als Haarwaschmittel. Auch die Rosskastanie enthält ein Saponin-Gemisch, ebenso der Gewöhnliche Efeu (der jedoch giftig ist).

## Die Wiederentdeckung der Seifensiederei

Dass Seife nicht gleich Seife ist, hat sich schon lange herumgesprochen. Mehr und mehr wird auf eine gute Zusammensetzung des Produktes geachtet, damit bei der Reinigung von Händen, Gesicht und Körper kein Schaden angerichtet wird, denn das ist bei vielen konventionell und billig produzierten Seifen leider meistens der Fall.

Heute bedient sich die Seifenindustrie eines modernen und sehr schnellen Verfahrens, der sogenannten fortlaufenden Verseifung. Bei dieser Produktionsweise bilden zumeist Fette tierischen Ursprungs die Seifengrundlage.

Von weitaus höherer Qualität sind dagegen Seifen, die nach dem alten Verfahren der Seifensiederei hergestellt sind, das sich über mehrere Tage hinzieht. Die Ölgrundlage bilden dabei in der Hauptsache Kokosöl, Palmöl oder Olivenöl. Das Öl geht mit Natronlauge (oder einer anderen Lauge) eine chemische Reaktion ein. Anschließend wird die Masse in Formen gegossen und getrocknet. Zur Weiterverarbeitung, das heißt zur Anreicherung mit aromatischen Duftstoffen, werden die Seifenstücke in feine Späne gehobelt und dann zu Quadern gepresst. Jetzt können die Duftstoffe hinzukommen. Anschließend wird die Masse gemahlen und erneut in Formen gepresst.

Seifen, die auf diese oder ähnliche Art hergestellt sind, reinigen mild und pflegend. Es vermittelt auch ein gutes Gefühl, dass bei dieser Art von Seifenproduktion keine tierischen Fette verarbeitet werden, die bei der Tierkörperverwertung anfallen.

## IPSWICH-SEIFENBALL

500 g feine helle Olivenölseife
1 Liter Rosenwasser (Rosenhydrolat)
15 g pulverisierter Gartenmajoran (*Origanum hortensis*)
5 g pulverisierte Bergminze (*Calamintha nepeta*)
3 Tropfen ätherisches Lavendelöl (Echter Lavendel oder Lavandin)
Mandelmus, getrocknet und pulverisiert

Die Olivenölseife wird in ganz feine Schnitzel geschabt und zusammen mit ½ Liter des Rosenwassers in eine Schüssel gegeben. Lass sie 3 Tage lang darin stehen. Gieß dann die Flüssigkeit ab, füll mit ¼ Liter Rosenwasser wieder auf und lass die Seife einen weiteren Tag darin stehen. Das Rosenwasser wird noch einmal abgegossen, und die restliche Menge von ¼ Liter frisch dazugegeben. Nochmals eine Nacht stehenlassen, dann gießt du das Rosenwasser erneut ab.

Jetzt kommen die pulverisierten Kräuter und das Lavendelöl hinzu. Knete die Masse gut durch und gib so viel Mandelmus hinzu, bis du eine Masse von gut formbarer Konsistenz erhältst. Dann rollst du daraus mit den Händen, die du vorher in Rosenwasser getaucht hast, eine Kugel.

Es lohnt sich, dieses recht aufwendige Rezept einmal auszuprobieren, denn du erhältst damit einen Seifenball von unglaublichem Wohlgeruch. Das überschüssige Rosenwasser solltest du aufheben und in eine Flasche abfüllen. Es lässt sich wunderbar als Waschwasserzusatz verwenden.

## Duftende Seifenbälle

175 g Schwertlilienwurzel (von einer Rhizom-Iris)
125 g Lavendelblüten (Echter Lavendel)
125 g Kalmuswurzel
50 g Rosenblätter
1,5 kg Olivenölseife
etwa 100 ml Rosenwasser (Hydrolat)

Gib alle getrockneten Kräuter – wo nötig, klein geschnitten – in einen Mörser und zerstoße sie sorgfältig zu Pulver. Anschließend drückst du sie durch ein feines Sieb, damit die zähen Fasern darin zurückbleiben. Dann wird die Olivenölseife in ganz feine Späne gerieben; diese werden in etwas Rosenwasser aufgelöst und mit den pulverisierten Duftstoffen vermischt. Bearbeite die ganze Masse nochmals sehr gründlich im Mörser und forme dann Seifenbälle daraus.

**HINWEIS:** Da Schwertlilien unter Schutz stehen, sollte diese Zutat besser käuflich erworben werden.

## Lavendel-Handwaschgel

1 Teelöffel Agar-Agar-Pulver
40 g Glycerin
50 ml Hamameliswasser (Hydrolat)
2 Teelöffel Bienenhonig
30 Tropfen ätherisches Lavendelöl (Echter Lavendel oder Lavandin)

Das Agar-Agar wird im leicht angewärmten Hamameliswasser aufgelöst und dann im heißen Wasserbad erhitzt, bis es sich völlig aufgelöst hat. Dann nimmst du den Topf aus dem Wasserbad und rührst das Glycerin ein. Lass das Ganze bis auf 35 °C abkühlen und gib den Honig dazu. Bevor du das Lavendelöl hineintropfst, lass die Masse noch ein wenig weiter abkühlen. Füll dann die Flüssigkeit in einen Topf mit Deckel, den du offen stehen lässt, bis das Handwaschgel fest geworden ist.

Dieses angenehm duftende Gel ist besonders gut für trockene und spröde Hände geeignet, die Seife schlecht vertragen. Bienenhonig, Hamamelishydrolat und Lavendelöl pflegen, beruhigen und glätten die spröde Haut.

## Pflegende Handwaschpaste

60 g Mandeln
½ Liter Milch
2 Eigelb
1 Esslöffel Olivenöl

Bei diesem traditionell überlieferten Rezept werden die Mandeln im Mörser ganz fein zerstoßen und mit der Milch aufs Feuer gesetzt. Nimm das Ganze vom Feuer, sobald es zu kochen beginnt, und gib die beiden gut verquirlten Eigelbe hinzu. Stell dies dann unter fortwährendem Rühren aufs Feuer zurück. Gib schließlich noch das Olivenöl dazu. Bewahre diese Handlotion, nachdem sie etwas abgekühlt ist, für den Gebrauch in kleinen Töpfchen auf. Wenn du sie nur für dich selbst als Einzelperson zubereitest, genügt die halbe Menge des Rezepts, da die Haltbarkeit nur etwa eine Woche beträgt.

Für den Gebrauch wird jeweils eine etwa walnussgroße Menge davon in die Hände eingerieben. Dies beseitigt den Schmutz und macht die Haut gleichzeitig sehr weich und geschmeidig.

# Waschwasserzusätze

Da in unserer europäischen Vergangenheit das Wannenbad nicht allzu beliebt war, griff man in früheren Zeiten eher zur Waschschüssel. Aus dieser Zeit stammen auch die drei folgenden Rezepte für Waschwasserzusätze, zu deren Herstellung das Wasser destilliert werden muss. Das geht im Rahmen dieses Buches jedoch über den normalen Hausgebrauch und Eigenbedarf hinaus. Die folgenden drei Rezepte sind daher für Leserinnen und Leser bestimmt, die zu Hause bereits eine Destille haben und wissen, wie man destilliert. Eine Anleitung für das Destillieren würde den Rahmen dieses Buches sprengen.

Zur Vorbereitung der Destillation gehört es, die Kräuter mit viel Sorgfalt auszuwählen und vor Gebrauch zu trocknen. Die Tageszeit des Sammelns sollte auf die jeweilige Pflanze abgestimmt sein. So müssen zum Beispiel Wurzeln in der Abenddämmerung ausgegraben werden; Blüten haben dann das stärkste Aroma, wenn sie unter Sonneneinwirkung völlig aufgeblüht sind, das heißt, nachdem der erste Morgentau verschwunden ist, und bis in die späten Vormittagsstunden. Hocharomatische Pflanzen, wie die mediterranen Kräuter Lavendel, Rosmarin und Quendel (wilder Thymian), aber auch kleine Walderdbeeren sammelt man bei trockenem Wetter, mindestens drei Tage nach dem letzten Regen. Vor dem Gebrauch werden die Kräuter noch an einem luftigen Platz im Schatten getrocknet.

## WALDERDBEER-GESICHTSBAD

1 Litermaß Walderdbeeren (einen Messbecher auf 1 Liter füllen)
1 Litermaß Fünffingerkraut (*Potentilla reptans*)
1½ l frische Vollmilch (weder pasteurisiert noch homogenisiert)

Alle Zutaten werden sehr sorgfältig für die Destillation vorbereitet und dann destilliert.

Das fertige Produkt wird als Schönheitslotion esslöffelweise dem Wasser für die Gesichtswäsche beigegeben. Diese Lotion wirkt auf die Haut beruhigend (vorausgesetzt, du hast keine Allergie gegen Erdbeeren!) und enthält zudem vielerlei Nährstoffe.

## WEGERICH-GESICHTSBAD

4 Handvoll Spitzwegerichblätter (*Plantago lanceolata*)
1 kleine Handvoll Walderdbeerblätter
1 kleine Handvoll Fünffingerkraut (*Potentilla reptans*)
1 kleine Handvoll Malvenblüten
2 l frische Vollmilch (weder pasteurisiert noch homogenisiert)

Die Kräuter werden zusammen mit der Milch in ein Destillationsgerät gegeben. Wenn 1 Liter Kräutermilch herausgetropft ist, sollte nicht weiterdestilliert werden. Wer eine Destille besitzt, ist darüber informiert.

Die beste Zeit, um solches Wasser herzustellen, ist der Monat Mai. In einer Glasflasche können wir es das ganze Jahr über an einem kühlen Platz aufheben. Für den Gebrauch wird jeweils eine kleine Menge davon auf ein frisches Leinentuch gegeben und damit das Gesicht gewaschen, am besten vor dem Schlafengehen. Diese Kräutermilch wirkt reinigend und erfrischend.

je nach Gefäß 1 oder mehrere Handvoll proportional in gleicher Menge:
Weinblätter
Thymian
Lavendel (Echter Lavendel oder Lavandin)
Rosmarin
Dichtungsmittel zum Zukitten des Gefäßes

Der Boden eines Steingutgefäßes wird mit einer dicken Schicht aus Weinblättern ausgelegt. Darauf kommt eine Mischung aus Thymian, Lavendel und Rosmarin, dann erneut eine Schicht Weinblätter. Dies wird abwechselnd fortgesetzt, bis das ausgewählte Gefäß gefüllt ist. Der Topf wird mit einem Dichtungsmittel zugekittet und sechs Wochen lang in die Erde eingegraben. Dann kann destilliert werden (wer damit vertraut ist).

Ein kleiner Schuss davon ins tägliche Waschwasser gibt diesem einen guten Duft und pflegende Eigenschaften. Dies ist ein sehr altes, traditionell überliefertes Rezept, was auch die ungenauen Mengenangaben und die fast schon alchemistisch anmutende Verfahrensweise verraten. Wer jedoch Zeit, Experimentierfreude und ein Destilliergerät besitzt, sollte ruhig mal einen Versuch wagen. Es klingt zumindest so, als hätten unsere Vorfahren schon einige Erfahrung damit gesammelt, und um das herauszufinden, wäre ein Experiment doch wert.

Haarpflege

# Das Haar

Das wichtigste Lebenselixier für unsere Haare liegt in einer gesunden, nährstoffreichen Ernährung, die unserem Organismus und auch unseren Haaren all das gibt, was sie zu einem gesunden Leben brauchen. Vitamine und Mineralien, in Form von Tabletten zugeführt, erfüllen nicht annähernd die gleichen nährenden Funktionen, als wenn sie in Form von Nahrungsmitteln ganzheitlich aufgenommen werden. Bei akuten Mangelzuständen kann die Tabletteneinnahme vorübergehend ganz zweckmäßig sein, nur sollte man sich nicht über einen längeren Zeitraum damit begnügen.

Das ist die körperliche Ernährung auf der einen Seite. Die psychische ist jedoch genauso wichtig, besonders bei Frauen – aber nicht nur! Das psychische Wohlbefinden spiegelt sich immer auch im Zustand der Haare wider. Unsere Gefühle werden hormonell beeinflusst, und umgekehrt beeinflussen unsere Gefühle auch die Hormonstruktur. Die Beschaffenheit der Haare wiederum hängt unmittelbar mit dem Hormonhaushalt zusammen. Um das festzustellen, braucht man nicht die Erkenntnisse der modernen Medizin – jede Frau, die Kinder bekommen hat, weiß genau, wie sich während der Schwangerschaft die Haut verbessert und die Haare locker und kräftig werden, während sie nach der Niederkunft oft verstärkt ausfallen und schneller fettig werden. Nach einigen Monaten normalisiert sich das wieder, wenn sich der Körper auf den veränderten Zustand eingestimmt hat. Solche Veränderungen stehen in Zusammenhang mit den Eierstöcken, die nach einer längeren Funktionspause wie bei einer Schwangerschaft erst wieder in Schwung kommen müssen. Die Eierstöcke unterstehen der Venus-Energie, ebenso die Haut und die Haarwurzeln.

Auch unser Wohlbefinden und unsere Beziehungen zu anderen Menschen unterstehen dieser Energie und nehmen Einfluss auf die Funktion anderer Venus-Organe. So wirken sich über diesen Weg immer auch emotionale Spannung, Stress, Ärger und Unglücklichsein auf den Zustand der Haut und der Haare aus. Wenn man „vor Ärger aus der Haut fahren" könnte, dann auch deshalb, weil sie gleichzeitig zu jucken beginnt, plötzlich Pickel und Flecken auftauchen. „Sich vor Wut die Haare raufen" könnte im übertragenen Sinne ebenfalls den Nagel auf den Kopf treffen, weil sie in diesem Zustand störrisch und frisierunwillig vom Kopf abstehen. Diese alten Volksweisheiten sagen uns mehr, als wir zu wissen glauben.

Ein ausgeglichenes und zufriedenes Leben ist also neben einer ausgewogenen Ernährung eine Grundvoraussetzung für schöne Haut und schönes Haar. Es ist wichtig, das zu wissen, wenn man manchmal nach der Anwendung eines altbewährten Mittels vor einem Ergebnis steht, mit dem man ganz und gar nicht zufrieden sein kann. Es ist jedoch kein Grund für ernste Zweifel an bewährter Kosmetik, sondern man sollte eher den Speisezettel der letzten Tage überdenken: Vielleicht wurden hier Fehler gemacht, oder es hängen einem einfach nur aus Kummer die Haare „traurig" vom Kopf.

Haar ist von Natur aus schön, und um schön zu bleiben, braucht es je nach seiner konstitutionellen Beschaffenheit die richtige Pflege. Es kann zeitweilig zu Trockenheit oder zu einem fettigen und strähnigen Aussehen neigen, was durch eine Überproduktion der Talgdrüsen in der Kopfhaut verursacht wird. In diesem Fall muss man so sanft wie möglich eingreifen und den Zustand der Haare in die eine oder andere Richtung lenken.

## Haarwaschmittel

Haarwaschmittel und Seifen haben in mancherlei Hinsicht Gemeinsamkeiten, denn Seife ist in erster Linie – das heißt, neben ihren pflegenden Eigenschaften und ihrem Duft – ein Reinigungsmittel, das Schmutz und Fett lösen kann. Ein Haarwaschmittel soll den gleichen Zweck erfüllen.

Solche waschaktiven Substanzen werden unter der chemischen Bezeichnung *Tenside* zusammengefasst, die mehr oder weniger aggressiv ans Werk gehen. Tenside von nachwachsender pflanzlicher Herkunft, wie sie in Pflanzenseifen enthalten sind, reinigen besonders mild und sind zugleich biologisch abbaubar. Viele der heute auf dem Markt angebotenen Haarwaschmittel sind in ihrer starken, alles Fett beseitigenden Waschkraft eher einem Waschmittel für Werkstattkleidung vergleichbar. Die Haare werden davon zwar sehr leicht und locker, doch durch die starke Entfettung der Kopfhaut und der Haare selbst werden aus dem Haar auch alle natürlichen schmutzabweisenden Substanzen herausgewaschen. Als Folge davon verschmutzt das Haar dann wieder sehr rasch. Es zieht Schmutz sogar regelrecht an und fettet außerordentlich schnell und stark nach. Die Haare brauchen natürliche Fette, um geschmeidig und elastisch zu bleiben, und deshalb ist es gar nicht nötig, diese so restlos zu entfernen, wie das mit den meisten auf dem Markt erhältlichen Haarwaschmitteln geschieht.

Eine besonders große Gefahr für das Haar sind Shampoos, die dem Haar laut Produktwerbung besondere Fülle und Volumen verleihen sollen. Die darin enthaltenen Substanzen greifen langfristig die Haare an, die Spitzen spalten sich oder brechen ab.

Auch bei der Haarwäsche ist also eine ganzheitliche Pflege die beste Grundlage für gesundes Haar. Deshalb werden im Folgenden einige Tipps und Anleitungen gegeben, die schon bei der Vorbereitung zur Haarwäsche beginnen und mit der Spülung und dem Trocknen abschließen. Diese hilfreichen Hinweise stammen zum großen Teil aus überlieferten Ratschlägen aus alten Kräuter- und Körperpflegebüchern, denn früher verstand man es oft noch sehr gut, mit den einfachsten Mitteln den größten Erfolg zu erzielen.

## Einfache Haarpflegetipps

„Je größer der Verzicht, desto prachtvoller das Haar", so könnte man in etwa alle Regeln der Haarwäsche zusammenfassen. Ein Verzicht auf Dauerwellen, Bleichen, Färben und synthetische Shampoos ist die beste Grundlage für schönes Haar, dazu reichen kräftiges Bürsten, regelmäßiges Massieren der Kopfhaut und schonendes Waschen völlig aus.

Die Haarpflege beginnt beim täglichen Frisieren. Man kann beim täglichen Bürsten schon eine Menge zur belebenden Haarpflege beitragen. Dazu reichen mindestens 40 Bürstenstriche mit kräftigem Druck, sodass man es gerade noch gut aushalten kann. Keine Angst, die Haare fallen einem davon nicht aus – ganz im Gegenteil!

Auch eine tägliche Kopfhautmassage ist von großem Nutzen für Schönheit und Gesundheit. Sie regt das Haarwachstum an und aktiviert auch ansonsten die Lebenskräfte.

Die einfachsten, seifenfreien Naturshampoos eignen sich für jedes Haar, ganz besonders jedoch dann, wenn das Haar spröde, angegriffen, gespalten oder in den Spitzen brüchig ist.

### EI-RUM-SHAMPOO

2 Eigelb
2 Esslöffel Rum

Gib die Eigelbe in eine Schale und tropfe unter ständigem Rühren mit dem Schneebesen den Rum hinzu. Die angegebene Menge der Zutaten gilt für kurzes und mittellanges Haar. Verdopple die Menge bei sehr langem Haar. Obwohl bei diesem Shampoo nicht viel Schaum entsteht, kann sich das Ergebnis sehen lassen: Das Haar ist frisch und sauber und von seidigem Glanz. Voraussetzung dafür ist gründliches Spülen nach der Wäsche. Das letzte Spülwasser kann mit einem Esslöffel Apfelessig oder Zitronensaft angesäuert werden. Das hilft beim Waschen mit kalkhaltigem, also hartem Wasser, und sorgt außerdem für mehr Glanz und macht das Haar leichter frisierbar.

## BIER-SHAMPOO

¼ l Bier
1 Eigelb
1 Esslöffel Rum

Eigelb und Rum werden mit der Hälfte des Biers verquirlt. Gib diese Mischung nach und nach auf das Haar, reib und massiere sie zwischendurch immer wieder kräftig in das Haar und den Haarboden ein. Damit verhinderst du, dass zu viel von dieser sehr flüssigen Mischung heruntertropft. Füge nach gründlichem Spülen dem letzten Spülwasser das restliche Bier hinzu und kämm das Haar anschließend intensiv durch. Es bekommt einen schönen Glanz und erhält durch das Bier noch zusätzlich Festigkeit.

## CASSIA-SHAMPOO

1 Esslöffel pulverisierte Cassiablätter (aus den Cassiablättern wird sogenanntes neutrales = nicht färbendes Henna gewonnen)
1 Eigelb
1 Esslöffel Rum
1 Tasse Regenwasser

Eigelb, Rum und Regenwasser werden miteinander verquirlt, dann wird nach und nach das Cassiapulver untergerührt. Dieses Shampoo kräftigt das Haar und gibt einen schönen Glanz.

### Pflanzenwäsche

Verschiedene Pflanzen und Kräuter enthalten, wie auf Seite 43 schon beschrieben, Saponine, das sind seifenartige Substanzen. Dazu gehören das Seifenkraut, Buchsbaumholzrinde, Gewöhnlicher Efeu, Panamaholzrinde und Rosskastaniensamen.

Auch Rassoul, eine Tonerde aus Marokko, kann zur Haarreinigung verwendet werden. Nachfolgend findest du die Gebrauchsanleitung dafür:

#### HAARWÄSCHE MIT TONERDE UND CO.

Verrühre 2 Esslöffel Lava- oder Tonerde mit 2 Tassen warmem Wasser zu einer geligen Masse. Kurz quellen lassen.

Verteil die Tonerde auf deinem nassen Haar. Einfach etwas einmassieren, die Tonerde schäumt nicht auf.

Nach der Wäsche musst du das Haar gut ausspülen.

## Klärende Haarspülungen

Nach der Wäsche tut es dem Haar immer gut, mit einer sauren Spülung geklärt zu werden. Sie wirkt auf das Haar erfrischend und entfernt alle Seifen- und Kalkrückstände, das heißt, sie macht das Haar glänzend und weich.

#### ZITRONENSPÜLUNG

½ Zitrone
2 Liter Wasser

Man nehme möglichst eine Zitrone aus biologischem Anbau, oder zumindest ungespritzt. Denn die auf der Schale eingesetzten Chemikalien gelangen auch in das Innere der Frucht, wenngleich der größte Teil an der Oberfläche bleibt. Trotzdem gibt es einen Einfluss auf das Gesamtergebnis einer Behandlung.

Presse die Zitrone aus und filtere den Saft durch ein feines Leinentuch. Auch ein Kaffeefilterpapier ist dafür geeignet. Verdünne den Saft mit 2 Liter Wasser.

Wenn aus der Leitung nur sehr hartes kalkhaltiges Wasser zur Verfügung steht, lohnt sich die Mühe, eigens dafür etwas Regenwasser aufzufangen oder das Leitungswasser zumindest damit zu verdünnen.

### ESSIGSPÜLUNG

Essig erfüllt den gleichen Zweck wie die Zitrone. Er riecht natürlich anders, und eine stärkere Konzentration ist nötig. Verwende in jedem Fall einen Obstessig in Bioqualität. Er wird im Verhältnis 1:10 mit Wasser verdünnt. Bei hartem kalkhaltigem Leitungswasser wird, wie bei der Zitronenspülung, ebenfalls die Mischung mit Regenwasser empfohlen.

Du kannst den Essig noch mit verschiedenen Kräuterzusätzen anreichern und so zugleich pflegende wie wohltuende Effekte erzielen. Nimm dazu 3 Handvoll des Krautes oder der Kräutermischung auf 1 Liter Essig. Lass die Essig-Kräuter-Mischung im Sommer 14 Tage, im Winter vier bis sechs Wochen in der Sonne stehen. Seihe sie dann durch ein feinmaschiges Leinentuch ab und bewahr den so angereicherten Essig in einer dunklen Glasflasche auf.

## Kräuterzusätze für die Essigspülung

**Brennnesselessig:** bei fettigem Haar und Haarausfall

**Klettenwurzelessig:** bei sprödem Haar, macht das Haar seidenweich

**Lavendelessig** (Zweige mit Blüten): bei Schuppen und fettigem Haar

**Rosmarinessig:** bei trockenem und angegriffenem Haar, bei Haarausfall

**Wacholderbeerenessig:** bei Haarausfall

**Zypressenspitzenessig:** bei Schuppen und trockenem Haar

## REGENWASSER-SPÜLUNG

1–2 l Regenwasser
1 Spritzer Zitronensaft

„Stell dich in den Regen, und dein Haar wird wachsen" – vielleicht nicht nur vom Regen! Doch Regen ist ein ausgezeichnetes Pflegemittel und macht das Haar samtweich.

Teile das Regenwasser in zwei Portionen auf und gib der ersten einen Spritzer Zitronensaft bei. Dann mit dem Rest nachspülen. Das Regenwasser sollte frisch sein, das heißt, nicht älter als einen Tag. Nach Möglichkeit sollte es nach mehreren Regentagen irgendwo im Grünen aufgefangen werden. Nach einem staubigen heißen Sommertag in der Stadt kannst du getrost darauf verzichten, denn das Wasser enthält dann so viele Schmutzteilchen, dass du dir und deinen Haaren nichts Gutes tust.

## KLETTENWURZELSPÜLUNG

2 Esslöffel getrocknete Klettenwurzel
125 ml destilliertes Wasser
1 l Obstessig in Bioqualität

Wenn das Haar besonders störrisch und frisierunwillig ist, dann bist du mit einer Klettenwurzelspülung immer gut beraten. Die Haare werden danach seidenweich wie nie zuvor.

Gib zwei Esslöffel der getrockneten und kleingeschnittenen Klettenwurzel in das destillierte Wasser und koche in

20 Minuten auf kleiner Flamme einen Absud daraus. Anschließend durch ein feines Leinentuch abseihen und zum Obstessig geben. Gut durchschütteln und zur Aufbewahrung in eine dunkelbraune Glasflasche füllen.

## Pflegende Haarspülungen

Kamille (Echte Kamille oder Römische Kamille), Brennnessel, Birke und Zinnkraut (= Ackerschachtelhalm, *Equisetum arvense*) sind bewährte pflegende Kräuterzusätze für das letzte Spülwasser bei der Haarwäsche. Verwende jeweils die getrockneten Kräuter, aus denen du auch Mischungen herstellen kannst. Beispielsweise passen Zinnkraut und Kamille gut zueinander, ebenso Birkenblätter und Brennnesseln.

### KAMILLENSPÜLUNG

1 Esslöffel Kamillenblüten (vorzugsweise Römische Kamille, *Chamaemelum nobile*, synonym auch *Anthemis nobilis*)
¼ l Regenwasser oder abgekochtes Leitungswasser

Obwohl die Kamille wegen ihrer aufhellenden Wirkung bei blondem Haar vielgerühmt ist, kann diese Spülung auch bei braunem Haar angewendet werden, ohne dass sich die Haarfarbe verändert, wenn anstelle der Echten die Römische Kamille genommen wird.

Die Kamillenblüten werden ins kochende Wasser geworfen, der Topf dann sofort zur Seite gestellt. Lass diesen Sud eine halbe Stunde ziehen. Danach durch ein sauberes feines Leinentuch abseihen. Diesen Absud, dem auch noch ein Spritzer Zitronensaft hinzugefügt werden kann, kannst du als letzte Spülung über das Haar gießen (siehe Zitronenspülung, Seite 58).

## ZINNKRAUTSPÜLUNG

1 Esslöffel Zinnkraut (= Ackerschachtelhalm, *Equisetum arvense*)
¼ l Regenwasser oder abgekochtes Leitungswasser

Hilfreich ist diese Spülung besonders bei entzündlichen Prozessen der Kopfhaut, aber auch bei Haarausfall oder als präventive Maßnahme dagegen. Dabei ist der Kieselsäuregehalt dieser Pflanze von ausschlaggebender Bedeutung. Besonders hoch ist er, wenn die Pflanze auf lehmigem Boden gewachsen ist, dann enthält das frische Zinnkraut bis zu 10% Kieselsäure.

Nicht verwechseln darf man den Ackerschachtelhalm (*E. arvense*) mit dem Sumpfschachtelhalm (*E. palustre*), der an feuchten Stellen wächst und wegen seiner Alkaloide giftig ist.

Lass das Zinnkraut einen Tag lang an einem sehr kühlen Ort im Wasser mazerieren. Seihe es dann durch ein feines Leinentuch ab und erwärme die Spülung etwas. Gib etwa die Hälfte der Spülung (ca. 30 ml) teelöffelweise auf die Kopfhaut, die zuvor mit dem Handtuch ein wenig trockengetupft worden ist, und massier sie gründlich ein. Das restliche Wasser wird dann über den ganzen Kopf gegossen.

Eine Zinnkrautkur lässt sich auch durch innerliche Anwendung unterstützen, indem du täglich 2 bis 3 Tassen Zinnkrauttee trinkst und ½ Teelöffel des Krautes auf eine Tasse Wasser nimmst. Auch hier setzt du das Zinnkraut für 3 Stunden in kaltem Wasser an und erwärmst es dann langsam auf Trinktemperatur.

## Brennnesselspülung

½ Esslöffel Brennnesselblätter
½ Esslöffel Brennnesselwurzeln
¼ l Regenwasser oder abgekochtes Leitungswasser
3 Teelöffel 70%-iger Alkohol (Weingeist)

Bei normalem, vor allem aber bei fettigem Haar ist die Brennnesselspülung sehr zu empfehlen, und besonders bei Haarausfall hat sie sich bestens bewährt. Dabei ist, wie schon beim Zinnkraut erwähnt, eine parallele innerliche wie äußerliche Anwendung von Vorteil.

Gib die Brennnesseln in das kalte Wasser und erwärme es langsam auf etwa 50 °C. Dann wieder auf Körperwärme abkühlen lassen. Nachdem du den Auszug durch ein feines Leinentuch abgeseiht hast, nimm etwa die Hälfte davon (ca. 30 ml), gib den Alkohol hinzu und stell es beiseite. Der Rest wird zur Haarspülung verwendet.

Reibe den mit dem Alkohol vermischten Absud über mehrere Tage verteilt bis zur nächsten Haarwäsche jeden Morgen mit einer ausgiebigen Massage in die Kopfhaut ein.

## Birkenblätterspülung

1 Esslöffel Birkenblätter
¼ l Regenwasser oder abgekochtes Leitungswasser

Diese Spülung hilft besonders bei Schuppen und stark fettender Kopfhaut. Das Haar wird dadurch locker und glänzend.

Gib die Birkenblätter in das kalte Wasser und erwärme es langsam bis auf 50 °C. Nach dem Abkühlen durch ein feines Leinentuch abseihen.

## Haarpflege mit Öl

Bei den alten Frauen in Frankreich ist es noch heute ein weit verbreiteter Brauch, nach der Haarwäsche gemeinschaftlich eine Ölkur durchzuführen. Sie massieren sich gegenseitig ausgiebig die Kopfhaut mit Olivenöl und packen das Haar dann in warme Tücher, deren oberste Schicht sie immer wieder durch frisch angewärmte ersetzen. Denn der Erfolg der Ölkur hängt neben den wohltuenden Begleiterscheinungen der Kopfhautmassage von der langdauernden wärmenden Einwirkung des Öls ab. Deshalb solltest du mindestens eine halbe Stunde damit ausharren.

Olivenöl ist unserer Meinung nach die beste Grundlage für eine Ölkur, vorausgesetzt, es ist biologisch, kaltgepresst und stammt aus erster Pressung; eine andere Qualität solltest du auf keinen Fall anwenden. Mandel-, Avocado- und Weizenkeimöl in Bioqualität sind ebenfalls für eine solche Ölkur geeignet.

Auch Kräuteröle für denselben Zweck lassen sich sehr einfach herstellen. Dazu nimmst du 1 Handvoll Kräuter deiner Wahl auf ½ Liter Olivenöl, füllst beides in ein Glasgefäß und lässt es mindestens 14 Tage in der prallen Sonne stehen. Du kannst getrocknete ebenso wie frische Kräuter verwenden. Johanniskraut solltest du allerdings unbedingt nur frisch verwenden. Du erhältst dann ein Öl mit einer intensiven roten Farbe. Kamillenblüten solltest du zuvor leicht antrocknen lassen, damit sich das Azulen in ausreichender Menge anreichern kann (siehe Seite 29 Mit allen anderen Kräutern kannst du es so halten, wie sie gerade zur Verfügung stehen, oder du experimentierst selbst ein wenig mit den doch leicht unterschiedlichen Ergebnissen, die besonders in der Farbe und im Duft variieren. Auch Kräutermischungen sind natürlich möglich.

Das Öl nährt das Haar und den Haarboden, die Massage fördert die Durchblutung der Kopfhaut, verbreitet die wohltuenden Eigenschaften des Öls auf den Gesamtorganismus und fördert auch das psychische Wohlbefinden. Das Öl nährt und kräftigt außerdem das Haar selbst, macht es weich und glänzend. Eine solche Ölkur ist also eine durchaus lohnende Maßnahme!

Danach spülst du das Haar gründlich mit einer Haarwaschseife aus und gibst der letzten Spülung ein wenig Klettenwurzel-Absud (siehe Seite 60 bei.

### KLETTENWURZELÖL

3 Esslöffel getrocknete Klettenwurzeln
125 ml Olivenöl

Die Klettenwurzeln werden zusammen mit dem Olivenöl in ein helles, weithalsiges Glasgefäß gegeben und 30 Tage lang an einem warmen Ort in der prallen Sonne stehengelassen. Seihe danach das so entstandene Mazerat in ein dunkles Glasgefäß ab und drücke die Pflanzenrückstände gut aus. Zusammen mit dem Olivenöl macht die Klettenwurzel das Haar weich, hilft also bei trockenem Haar und gespaltenen Spitzen.

Die anregenden und durchblutungsfördernden Inhaltsstoffe des Klettenwurzelöls wirken auf die geschwächten Haarwurzeln ein und fördern das Wachstum des an sich gesunden, aber geschwächten Haars. Bei Haarausfallproblemen, die aufgrund hormoneller Veränderungen entstanden sind, oder bei bereits abgestorbenen Haarwurzeln kann dieses Öl natürlich nichts mehr ausrichten.

## Haarpflege mit ätherischen Ölen

Nach der Erfindung des Destillationsverfahrens fanden die ätherischen Öle und Hydrolate eine außerordentliche Beliebtheit und Verbreitung, sodass sich bald in fast jedem Haushalt Platz für ein kleines Destilliergerät fand. In den wohlhabenden Familien Englands wurde diese Kunst sogar so weit kultiviert, dass es in den Häusern eigens einen speziellen Raum dafür gab. In Deutschland erschien bereits im Jahre 1557 mit dem *Kreuterbuch* von Adam Lonitzer (Lonicerus) eine Abhandlung, die ganz der Entwicklung der Destillationsmethoden gewidmet war.

Die Wasserdampfdestillation ist auch heute noch die gängige Methode, um ätherische Öle und gleichzeitig Blüten- oder Kräuter-Wässer, die sogenannten Hydrolate, herzustellen. Einige dieser Pflanzenextrakte werden auch heute noch durch manuelle Pressung gewonnen, die sogenannte Expression, zum Beispiel bei Zitrusfrüchten. Dabei werden die Früchte zunächst geschält, denn nur die Schalen werden ausgepresst; dafür muss auch die weiße Haut entfernt werden, die unter der Schale sitzt. Beim Auspressen entsteht ein Gemisch von unter der Schale enthaltener Flüssigkeit und dem ätherischen Öl. Alle maschinellen Verfahren für diese Art der Pressung wurden wieder verworfen.

Hydrolate sind kein Abfall- oder Nebenprodukt bei der Herstellung, wie normalerweise üblich, sondern zu ihrer Gewinnung wird heute gezielt destilliert. Obwohl sich das Öl nicht im Wasser löst, erhält man bei der Wasserdampfdestillation eine Mischung verschiedener Substanzen, wasserlösliche ebenso wie ölartige, die sehr gute kosmetische und therapeutische Eigenschaften aufweisen. Da Wasser die Lebensessenz an sich ist, ist es ein ausgezeichnetes Medium dafür, die den ätherischen Ölen eigenen Schwingungen aufzunehmen und weiterzugeben.

Bei so bedeutenden Naturärzten wie Maurice Mességué und Edward Bach spielen ätherische Öle neben den Pflanzenkräften in der Therapie die Hauptrolle. Die in Österreich geborene Biochemikerin Marguerite Maury, später als die Pionierin der „englischen Schule" der Aromatherapie bezeichnet, bevorzugte eine andere Methode: Sie mischte vorzugsweise ätherische Öle mit fetten Ölen pflanzlichen Ursprungs als Trägersubstanzen, weil sich dadurch die wohltuenden Wirkungen der ätherischen Öle am leichtesten mit der Wirkung einer Massage verbinden lassen. Werden die ätherischen Öle durch die Haut aufgenommen, wirken sie zwar zuerst lokal, bleiben aber nicht darauf begrenzt, sondern werden über die Haut in den ganzen Körper aufgenommen. Das heißt: Bei einer Kopfmassage mit Ätherisch-Öl-Anwendungen findet über die lokale Behandlung hinaus eine ganzheitliche Aromatherapie statt, die Entspannung und Wohlbefinden herbeiführt.

Die folgenden Rezepte sind deshalb wegen ihrer umfassenden Wirkungsweise zur Haar- und Kopfhaut-Behandlung sehr zu empfehlen.

### HAARÖL GEGEN HAARAUSFALL

2–3 Tropfen ätherisches Wacholderöl
2–3 Tropfen ätherisches Eberrautenöl
2–3 Tropfen ätherisches Brennnesselöl
2–3 Tropfen ätherisches Lavendelöl (Echter Lavendel)
2–3 Tropfen ätherisches Rosmarinöl
50 ml Olivenöl

Vermische die ätherischen Öle mit dem Olivenöl. Die Menge reicht für mehrere Anwendungen. Massiere es ausgiebig in die Kopfhaut ein und deck den Kopf dann mit warmen Tüchern ab. Das Öl sollte mindestens eine halbe Stunde auf die Kopfhaut einwirken und in dieser Zeit warm gehalten werden. Im Sommer kannst du dich dazu einfach in die

Sonne setzen; im Winter solltest du die äußeren Tücher öfter durch frisch angewärmte austauschen, um eine gute Wirkung zu erzielen. Anschließend musst du dir zunächst Haarwaschseife ins Haar reiben, um das Öl zu lösen, dann erst mit warmem bis heißem Wasser nachspülen.

### HAARÖL GEGEN SCHUPPEN

5 Tropfen ätherisches Zypressenöl (*Cupressus sempervirens*)
5 Tropfen ätherisches Wacholderöl
50 ml Olivenöl

Die ätherischen Öle mit dem Olivenöl vermischen. Davon wird jeweils eine kleine Menge ausgiebig in die Kopfhaut einmassiert.

Geh bei allen weiteren Schritten wie im vorangegangenen Rezept (Haaröl gegen Haarausfall) vor.

## Pflanzliche Haarfarben

Die Natur schenkt uns nicht nur Schönheit und Gesundheit, sondern auch Farbe für Haut und Haar. Pflanzenfarben verändern die Haarfarbe sehr dezent – weder wird aus blondem Haar schwarzes Haar, noch lässt braunes Haar sich blondieren, sondern nur aufhellen. Mit pflanzlichen Farbstoffen kannst du niemals deinen Typ völlig verändern. Sie nuancieren nur im Rahmen dessen, was zu deinem Typ passt. Nicht nur Omas, sondern viele und gerade auch junge Frauen haben schon einmal die Erfahrung gemacht, mit pflanzengefärbter Wolle zu stricken: Gleich welche Töne man auch zusammenstellen mag, sie passen immer, das heißt, sie „beißen" sich nicht.

### SCHWARZER TEE

Dieser Teeaufguss gibt braunem bis schwarzem Haar einen kräftigen, sehr satten Farbton.

Nimm auf ¼ Liter Wasser 2 Teelöffel Tee. Mit dem kochenden Wasser überbrüht, soll er je nach gewünschter Farbstärke 10 bis 20 Minuten ziehen. Trage den Tee dann auf das leicht angetrocknete Haar auf und lass ihn wiederum so lange einwirken, bis die gewünschte Farbtiefe erreicht ist. Das Haar wird getrocknet, ohne den Tee auszuwaschen.

### WALNUSSSCHALEN

Damit kannst du mittel- bis dunkelbraunes Haar um eine Nuance dunkler werden lassen.

Je nach Haarlänge nimmst du 2 bis 4 Esslöffel pulverisierte Walnussschalen, gibst etwas Olivenöl hinzu und rührst die Mischung mit einem ¼ l heißem Wasser zu einem dickflüssigen Brei an. Streich diese Masse auf das leicht angetrocknete Haar und lass sie je nach gewünschter Farbintensität 10 bis 20 Minuten einwirken.

## HENNA

Hennapulver gibt dem Haar eine rötliche Farbe. Je nachdem, welchen natürlichen Farbton das Haar hat, entstehen sehr unterschiedliche Rottönungen. Blondes Haar wird karottenrot, braunes Haar dunkelrot, und schwarzes Haar erhält einen leichten Rotschimmer.

Das Hennapulver wird aus den getrockneten und zermahlenen Blättern des Hennastrauches gewonnen, der vor allem in Nord- und Ostafrika sowie in weiten Teilen Asiens angebaut wird. Der Farbton kann je nach Qualität zwischen hellem Orange über Kastanienbraun bis zu dunklem Mahagoni variieren. Beim Kauf sollte man genau auf die angegebenen Inhaltsstoffe achten, denn dem reinen Hennapulver werden gerne synthetische Farbstoffe oder farbverstärkende Beizen beigemischt. Der Kauf einer anerkannten Biomarke wird daher besonders ans Herz gelegt.

Nimm je nach Haarlänge 2 bis 4 Esslöffel rotes Hennapulver, gib etwas Olivenöl hinzu und füll dann mit heißem Wasser auf, bis ein cremiger Brei entstanden ist. Knete den Brei in das Haar ein und lass ihn bis zur gewünschten Farbstärke einwirken. Nach etwa 20 Minuten ist ein leichter Rotschimmer erreicht, für einen kräftigen Rotton musst du das Henna schon zwischen einer halben und einer ganzen Stunde oder auch länger auf dem Kopf einwirken lassen.

Ganz wichtig ist es, das Henna sehr gründlich auszuwaschen, was ziemlich langwierig und etwas mühsam sein kann.

## RHABARBERWURZEL

Rhabarberwurzel ist für hellbraunes bis blondes Haar geeignet. Es wird aufgehellt und bekommt einen schönen Glanz.

Nimm je nach Haarlänge zwischen 2 und 4 Esslöffel pulverisierte Rhabarberwurzel, verrühr sie mit etwas Olivenöl und gieß mit heißem Wasser auf, bis ein cremiger Brei entsteht. Streich ihn auf das Haar auf und lass ihn 10 bis 30 Minuten bis zur gewünschten Tönung einwirken.

Da alle Pflanzenfarben nicht nur die Haare, sondern auch die Haut färben, musst du beim Auftragen sehr achtsam vorgehen und Farbbrei, der auf Gesicht, Hals oder Ohren gerät, sofort mit einem feuchten Tuch abwischen, um ihm keine Zeit zum Einwirken zu geben. Wenn du die Farbe gut auf dem Haar verteilt hast, wickle ein angewärmtes altes Handtuch (denn auch das wird eingefärbt) um das Haar.

Sobald die gewünschte Tönung erreicht ist, wasch die Rückstände sehr gründlich aus dem Haar.

## Farbspülungen

Noch dezentere Haartönungen können mit Farbspülungen erreicht werden. Du kannst sie auch zusätzlich zusammen mit klärenden oder pflegenden Haarspülungen (siehe „Pflegende Haarspülungen", Seite 61 ff. anwenden. Bei einer Kräuterspülung beispielsweise reduzierst du die angegebene Kräutermenge auf die Hälfte und ergänzt sie mit einem stark färbenden Kraut. Dafür eignen sich die gleichen Grundsubstanzen wie zum Färben.

Koche 20 Minuten lang auf kleiner Flamme einen Kräuterabsud, den du dann durch ein feines Leinentuch klar filterst. Achte bei der Zusammenstellung auf folgende Mengenverhältnisse: 1 Handvoll *ganzes getrocknetes* Kraut auf ¼ Liter Wasser, oder 1 Esslöffel *pulverisiertes* Kraut auf die gleiche Menge Wasser.

Soll die Spülung außerdem festigend wirken, gib noch ½ Teelöffel Blütenhonig auf ¼ Liter Wasser hinzu, oder ersetze die halbe Wassermenge durch Bier. Bier und Honig dürfen jedoch nicht mit erhitzt werden.

Grundsätzlich muss man nicht strikt an Rezepturen festhalten. Vielmehr kann man ganz nach den eigenen Bedürfnissen mischen und ergänzen.

Wenn du zum Beispiel braunes Haar hast, das zu schnell nachfettet, überdurchschnittlich stark ausfällt und dem es auch noch an Glanz fehlt, dann kommt folgende Spülung infrage:

### SPÜLUNG FÜR BRAUNES HAAR

1 Esslöffel Brennnesselblätter
½ Esslöffel pulverisierte Walnussschalen
¼ Liter Regenwasser (oder abgekochtes Leitungswasser)
ein Schuss Zitronensaft

Die Brennnesselblätter und das Pulver aus Walnussschalen werden mit dem kochend heißen Regenwasser übergossen und 20 Minuten stehengelassen. Seihe es dann durch ein feines Leinentuch ab, gib den Zitronensaft dazu und rühr alles gut durch.

Nach der Wäsche wird das Haar sehr gründlich mit klarem Wasser nachgespült, und ganz zum Schluss, als letzte Spülung, die pflegende und färbende Mischung über die Haare gegossen.

Hautpflege

# Die Haut als Spiegel der Seele

„Wie oben, so unten" lautet ein Gesetz der hermetischen Philosophie, und nach dem Gesetz der Entsprechung gilt auch „Wie innen, so außen", was als Leitsatz der Kosmetik gelten könnte. Beides steht in einem engen Zusammenhang. Die Haut – und besonders die Gesichtshaut – ist der Spiegel unserer Vergangenheit wie auch der Gegenwart. Inneres Gleichgewicht, das heißt auch Glück, Zufriedenheit, Wohlbefinden, Einssein mit sich selbst und der Welt, Liebe und Lebensfreude zeichnen ein Gesicht im Laufe eines Lebens ganz anders als inneres Ungleichgewicht, das sich in Gram, Kummer, Ärger, Depressivität, Unzufriedenheit und Lebensverdruss bis hin zum Hass ausdrückt. Nicht nur die Gesichtszüge verändern sich dadurch zum Nachteil. Diese negativen Geisteshaltungen wirken auch krankmachend auf unsere inneren Organe, deren Verfassung sich dann wiederum durch die Haut nach außen spiegelt – ein Kreislauf, der sich nicht einseitig durchbrechen lässt. Daher muss eine Behandlung und Pflege der Haut stets auch eine Pflege des Geistes mit sich bringen, um ein positives ganzheitliches Resultat zu erzielen.

Hautpflege sollte neben den heilenden und pflegenden Absichten stets auch ein Moment der Entspannung sein. Wir sollten uns deshalb auch niemals mit emsiger Akribie ans Werk machen, mit Salben, Cremes, Lotionen und Masken eine Schönheitskorrektur oder eine Verjüngungskur vorzunehmen. Schönheitspflege muss Vergnügen bereiten. Es ist eine Zeit zur Besinnung, in der wir Gelegenheit dazu haben, in aller Ruhe zu uns selbst zu kommen, Körper, Geist und Seele sich regenerieren zu lassen.

Die Haut schön – das heißt: möglichst lange jung – zu erhalten ist eine Motivation, die schon vor Jahrtausenden unsere Vorfahrinnen dazu verleitete, sich die pflegenden, verschönernden und jung erhaltenden Eigenschaften der Pflanzenwelt zugänglich zu machen. Vieles wurde entdeckt, vieles davon ist auch wieder in Vergessenheit geraten, und heute stöbern wir in alten Kräuterbüchern, um uns das traditionelle Wissen wieder zugänglich zu machen, weil sich die Resultate der chemischen Kosmetikindustrie nicht immer als so gut und förderlich für die Schönheit und Gesundheit erwiesen haben, wie man lange glaubte. In der heutigen Zeit, wo so viel über tierische Substanzen in der Kosmetik oder zumindest Tests mit Tieren in Versuchslaboren publik geworden ist, während gleichzeitig die Werte von Tierschutz und Tierwohl für immer mehr Menschen an Bedeutung gewinnen, ist es nur folgerichtig, dass sie auch immer stärkeres Interesse an Naturkosmetik entwickeln und für die Nutzung pflanzlicher Substanzen sensibilisiert werden.

Die Pflanzenwelt stellt tatsächlich viele verjüngende Substanzen bereit, welche die Erneuerung und Regeneration der Hautzellen unterstützen. Es gibt jedoch nichts, was das Altern an sich verhindern könnte – und das wäre auch gar nicht erstrebenswert. Altern ist ein ganz normaler Vorgang und keine Krankheit, gegen die man unbedingt etwas unternehmen muss und für deren Begleiterscheinungen in Form von Falten wir uns schämen müssten. Trotzdem wird heute vielerorts in dieser Weise damit umgegangen, und das ist eigentlich sehr bedauerlich. Sind Falten nicht auch ein Zeichen von mehr Lebenserfahrung, von größerer Reife, ja Weisheit? Dafür braucht man sich wirklich nicht zu schämen. Doch gerade dieses Wissen sollte vielleicht wieder mehr ins Bewusstsein treten. Falten können schön oder hässlich sein, aber es ist kein Zufall, ob sie jemanden schön oder hässlich *machen*. Sorgenfalten sehen einfach anders aus als Lachfalten: Die einen führen zu weiterem Kummer und zu noch mehr Falten, mit den anderen kann man ganz gut leben.

Ein verkniffener Blick in die Welt hat ein verkniffenes Gesicht zur Folge. Nach einigen Jahren manifestiert sich dies in Falten – ein nahezu unwiderrufliches Zeugnis einer lange geübten inneren Einstellung. Hier gegenzusteuern ist leichter gesagt als getan – gerade wenn man weiß, wie schwer es fällt, nicht nur in guten, sondern auch in „schlechten" Zeiten entspannt zu bleiben.

Schauen wir auf die Natur, die einige lange bewährte Mittel bereithält, die uns helfen können, den geistigen wie auch den körperlichen Zustand der Entspannung so oft wie möglich zu erlangen. Schon im Kapitel über das Baden wurden einige Anregungen für Bäder mit ätherischen Ölen gegeben, die ebendiesen Sinn und Zweck erfüllen.

# Die Hautpflege

Eine natürliche Hautpflege ist nur mit natürlichen Mitteln machbar, die uns dann am meisten Gesundheit und Schönheit verleihen, wenn sie so frisch wie nur irgend möglich sind – genauso, wie es in unserer täglichen Ernährung sein sollte. Natürlich macht auch ein konserviertes Produkt aus der Dose satt, doch würden wir ausschließlich davon leben, zeigten sich nach und nach Mangelerscheinungen. Krankheit und frühzeitiger Verlust jugendlicher Frische können die Folgen davon sein.

Die gleiche Regel gilt auch für die Naturkosmetik: Auch sie sollte so frisch wie möglich zusammengesetzt und zubereitet sein, denn dann enthält sie die meisten Nährstoffe, das heißt, schönheitsfördernde Substanzen. Es ist wirklich nicht sehr sinnvoll, unsere kosmetischen Produkte so herzustellen und mit Konservierungsstoffen anzureichern, sodass sie nahezu unbegrenzt haltbar sind. Die Grundsubstanzen bleiben dann zwar so weit erhalten, dass sie sich nicht gesundheitsschädlich verändern, doch die Pflanzenkräfte lassen in ihrer Wirkung nach.

## Hautpflege mit ätherischen Ölen

Ätherische Öle sind für die Hautpflege ideal, denn sie lassen sich leicht in Hautpflegemittel jeder Art einarbeiten. Schon wenige Tropfen in einer Creme, Salbe, Lotion oder einem pflanzlichen Öl sind völlig ausreichend. Da sie aber hochwirksame Konzentrate sind und auch leicht hautreizend wirken können, ist es wichtig, die angegebene Dosierung nicht zu überschreiten.

Blütenöle haben eine besonders starke Affinität zur Gesichtshaut, denn es gibt so etwas wie eine transformative Beziehung zwischen der Pflanzenblüte und dem Gesicht beziehungsweise dem Kopf des Menschen. Es ist der Körperteil, der sich dem Licht zuwendet und dieses auch am stärksten benötigt. Entsprechend öffnen sich die menschlichen Sinne nach der dunklen Nacht dem Morgen wie die Blüten dem Licht.

In der Regel vitalisieren ätherische Öle das Gewebe, regen die Zellerneuerung an und beschleunigen die Ausscheidung von Abfallprodukten des Stoffwechsels durch die Haut. In unterschiedlichem Ausmaß wirken sie auch konservierend und antiseptisch. Des Weiteren hat jedes ätherische Öl seinen ganz bestimmten Einfluss auf die Gemütsverfassung. Durch diese doppelte Wirkung auf Körper und Geist können wir ätherischen Ölen getrost das Attribut „ganzheitlich" in der Körperpflege zusprechen, auch wenn dieser Begriff leider schon ziemlich überstrapaziert wurde.

Zu einer normalen, fettigen, trockenen, empfindlichen oder Mischhaut gehört auch der Mensch, der diese Haut immer wieder neu reorganisiert. Genau dort, wo es um Hauttypen geht und nicht nur um vorübergehende Schwankungen, die sich auf der Haut spiegeln, muss die Hautpflege von außen wie von innen angegangen werden, denn sonst hat man zum Beispiel ewig eine fettige oder trockene, aber nie eine normale Haut. Ist diese aber nicht das Ziel hinter jeder Behandlung der Haut und dem für sie geeigneten Pflegemittel?

## Die Creme in der Hautpflege

Verfolgt man den Ursprung des Wortes „Creme" zurück, dann kommt man nach Frankreich, also in das Land der Cremes und Parfüms. Aus dem Französischen übersetzt heißt *crème* Sahne – und das war tatsächlich die erste und am meisten verwendete Grundlage für ein Hautpflegemittel.

Milch und das davon abgeschöpfte Fett, der Rahm oder die Sahne, ist ein Lebensmittel an sich. Kälber, Lämmer, Zicklein und andere Tierkinder können eine ganze Weile ausschließlich davon leben und gut gedeihen. Wenn man einen herunterfallenden Tropfen Milch beim Aufschlag mit einer großen Lupe betrachtet, sieht man exakt die Form einer Krone (und Milch wurde auch schon mal als „Krone der Schöpfung" bezeichnet).

Milch enthält Eiweiß, Vitamine, Mineralien und Fette – alles, was die Haut nährt und ihr Schönheit verleiht.

Die folgenden Rezepte für Cremes sind alle sehr einfach, und sie werden entsprechend ihrer Natur auch immer frisch hergestellt. Am besten nimmst du frische, unbehandelte Rohmilch[4], lässt sie aufrahmen und schöpfst nach und nach die Sahne = Creme ab.

## LAVENDELCREME (BEI FETTIGER HAUT)

6 Tropfen ätherisches Lavendelöl (Echter Lavendel oder Lavandin)
4 Tropfen Kapuzinerkresse-Tinktur
2 Tropfen Arnikatinktur
50 ml frischer Süßrahm

Lavendelöl, Kapuzinerkresse-Tinktur und Arnikatinktur werden unter den frischen Rahm gerührt und dann in ein Cremetöpfchen abgefüllt.

Diese Creme klärt die Haut. Speziell das Lavendelöl wirkt beruhigend und ausgleichend auf den Gesamtorganismus – und damit dort, wo die Ursachen für fettige Haut liegen. Wenn du, zum Beispiel aus beruflichen Gründen, nicht die Möglichkeit hast, die Creme mehrmals täglich aufzutragen, solltest du nur die halbe Menge herstellen, da sie, selbst wenn sie kühl aufbewahrt wird, nur wenige Tage haltbar ist.

## DUFTENDE BERGAMOTTE-CREME (BEI FETTIGER HAUT)

5–10 Tropfen ätherisches Bergamotteöl
1 kleine Messerspitze Kampfer
50 ml frischer Süßrahm

4 Der Verkauf von sogenannter Rohmilch ist nur ab Hof direkt an den Endverbraucher erlaubt.

**HINWEIS:** Bergamotteöl erhöht die Lichtempfindlichkeit der Haut und darf deshalb auch nur vorsichtig dosiert verwendet werden.

Das Bergamotteöl und der Kampfer werden unter den frischen Rahm gerührt und dann in ein Cremetöpfchen abgefüllt.

Das Bergamotteöl hat einen herrlichen Duft, es wirkt antiseptisch und desinfizierend. Es eignet sich deshalb besonders für fettige und zu Akne neigende Haut. Der Kampfer hat ganz ähnliche Wirkungen, auch er ist ein bewährtes Mittel bei fettiger Akne-Haut.

### STIEFMÜTTERCHENCREME (BEI TROCKENER UND EMPFINDLICHER HAUT)

5 Tropfen Tinktur aus dem Gewöhnlichen Wilden Stiefmütterchen (*Viola tricolor* subsp. *tricolor*)
2 Tropfen ätherisches Lavendelöl (Echter Lavendel oder Lavandin)
50 ml frischer Süßrahm

**HINWEIS:** Es gibt verschiedene Veilchen- bzw. Stiefmütterchenarten, die zwar nicht giftig sind, aber oft in Schutzgebieten wachsen, beispielsweise in Dünen oder auf Bergwiesen. Im Zweifelsfall kann man die Tinktur auch käuflich erwerben.

Die Stiefmütterchen-Tinktur und das Lavendelöl werden unter den frischen Rahm gerührt und dann in ein Cremetöpfchen abgefüllt.

Diese Creme gibt der Haut Feuchtigkeit. Sie wirkt außerdem besänftigend auf empfindliche Haut. Kühl aufbewahrt, ist sie nur einige Tage haltbar.

### **ERDBEERMILCH** (BEI FETTIGER HAUT)

50 ml frische Kuhmilch
25 ml frisch gepresster und gefilterter Erdbeersaft
5 Tropfen Arnikatinktur

Alle Zutaten werden einfach in einer Glasflasche verschüttelt. Diese pflegende Milch ist bei übermäßiger Talgabsonderung der Haut besonders hilfreich. Die Arnikatinktur beugt eventuell auftretenden Entzündungen durch mit Talg verstopfte Poren vor.

Wasch dir zuerst das Gesicht mit warmem Wasser und reib es dann mit der Milch ab. Wiederhol diese Anwendung mehrmals täglich, bis nach spätestens zwei Tagen die ganze Milch aufgebraucht ist. Länger sollte man sie, im Kühlschrank gelagert, nicht aufbewahren.

### **HONIGMILCH**

100 ml frische Milch
½ Teelöffel Blütenhonig

Die Milch wird ganz leicht erwärmt und der Honig eingerührt, dann wieder sehr schnell abgekühlt, am besten im eiskalten Wasserbad. Das schnelle Abkühlen erhöht die Haltbarkeit, die sowieso nur wenige Tage beträgt. Die entzündeten Stellen sollten mehrmals täglich behandelt werden.

Die heilenden und glättenden Eigenschaften dieser Mischung eignen sich für die trockene und entzündliche Haut. Verschiedene im Honig enthaltene Inhaltsstoffe, darunter Ameisensäure, haben eine antibiotische Wirkung, sind also keimabwehrend und bakterientötend und führen zu einer schnelleren Abheilung von aknebedingten Entzündungen.

### **HAUTSCHUTZMILCH** (FÜR JEDEN HAUTTYP)

5 Tropfen ätherisches Lavendelöl (Echter Lavendel)
3 Tropfen Arnikatinktur
4 Tropfen Lindenblütentinktur
100 ml Kuhmilch

Fülle die Milch in eine kleine Flasche, gib das Öl und die Tinkturen hinzu, verschließ die Flasche und schüttle alles gut durch.

Diese Milch wirkt schützend und feuchtigkeitsspendend. Bei schlechtem Wetter reibt man sich mehrmals täglich das Gesicht damit ab. Kühl gelagert, ist sie etwa vier Tage haltbar.

## Die Haut und ihre Rolle als Organ unseres Stoffwechsels

Unser Stoffwechsel, als Umwandlungs- und Ausscheidungsprozess der Nahrung, vollzieht sich nicht nur in den inneren Organen, sondern auch in der Haut. Nicht naturbelassene Nahrung, welche die Verdauungs- und Ausscheidungsorgane mit Zusatzstoffen, Fremdstoffen oder sogar Giftstoffen belastet, kann sich auch in der Beschaffenheit der Haut niederschlagen. Nach dem Spiegelprinzip „Wie außen, so innen" werden innere Unausgewogenheiten sichtbar, was auch den Vorteil haben kann, dass wir der Hautpflege mehr Aufmerksamkeit schenken.

Besonders augenfällig werden diese Zusammenhänge in der Pubertät, wenn die hormonelle Umstellung sich in Pickeln und der gefürchteten Akne-Haut niederschlägt. Mit diesem Problem haben der Körper und nicht zuletzt auch die Psyche einige Jahre zu kämpfen. Dann kann selbst eine strenge Diät nur zu einer begrenzten Linderung der Hautsymptome beitragen, denn die Hormone befinden sich in zu starkem Aufruhr. Vielleicht dauert das sieben Jahre – der Zyklus nämlich, in dem sich der Körper mitsamt seinen Zellen verändern, regenerieren und erneuern soll.

Bei Erwachsenen spielt fast immer die Ernährung die Hauptrolle bei unreiner Haut, doch auch akute psychische Probleme oder „Stress" können einen nicht zu unterschätzenden Einfluss haben (siehe auch nächstes Kapitel, ab Seite 90).

Außer einer konsequenten Ernährungsumstellung können auch eine Blutreinigungskur und moderates Fasten dabei helfen, einen Selbstreinigungsprozess anzustoßen, der nicht nur die Haut betrifft, sondern der auch unter die Haut geht und nach einer Phase der Umstellung sichtbare äußere und fühlbare innere Wirkungen zeigt.

## Ernährungsumstellung

Im Folgenden sind einige Nahrungs- und Genussmittel aufgeführt, die den Organismus belasten und die Haut verunreinigen und sie schneller altern lassen.

**BESSER ZU MEIDEN SIND:**

- Kaffee
- Alkohol
- Zigaretten
- raffinierter Zucker
- Schokolade
- zu viel Salz
- Weißmehl
- Konserven
- Fertiggerichte

Eine denaturierte Ernährungsweise geht auch häufig mit einer denaturierten Lebensweise einher. Gesundes und frisches Essen in Bioqualität kann auch weiterhin mit Genuss verbunden sein. Bislang besonders geliebte Speisen brauchen nur entweder durch bewusst ausgewählte hochwertige Zutaten oder mindestens ebenso schmackhafte Gerichte ersetzt werden. Wer glaubt, sich jeglichen Genuss verkneifen zu müssen, mag zwar eine gesünder aussehende Haut bekommen, doch um den Preis der Falten eines Griesgrams. Deshalb muss auch ein „Seitensprung" mit echtem Kaffee und Sahnetorte mal drin sein, wenn man sich wirklich gesund erhalten möchte.

Zu einer gesunden Lebensweise gehören auch regelmäßige Bewegung in Form von Spaziergängen, wenn möglich Gartenarbeit – und nicht zuletzt Kräuter sammeln, um natürliche Kosmetik herzustellen.

## Entgiftende, blutreinigende und entschlackende Kräutertees

Unter den Kräutern gilt die Brennnessel als die Nummer eins, was die Entwässerung und Blutreinigung angeht. Sie kann nach Belieben mit einem oder mehreren der nachfolgend aufgeführten, ebenfalls blutreinigend wirkenden Kräuter gemischt werden. Es empfiehlt sich auch, von der Abwechslung Gebrauch zu machen; vom Geschmack einmal abgesehen hat jedes Kraut seine eigenen Vorzüge, die es zu nutzen gilt.

## Eine kleine Übersicht über die wichtigsten blutreinigenden Kräuter

Brennnessel, Birke, Brombeere, Brunnenkresse, Ehrenpreis, Fenchel, Gänseblümchen, Geißbart, Gundelrebe, Heckenrose, Holunder, Klette, Linde, Löwenzahn, Quecke, Ringelblume, Rosmarin, Schafgarbe, Sellerie, Tausendgüldenkraut, Wacholder, Wegwarte, Wermut, Ysop und Zinnkraut.[5]

Wähle jeweils zwei oder mehrere Kräuter aus, nimm insgesamt 2 Teelöffel der getrockneten Kräutermischung auf 1 Tasse Wasser und überbrühe die Kräuter damit. Der Tee sollte fünf Minuten ziehen und wenn er auf Trinktemperatur abgekühlt ist, leicht mit Honig gesüßt getrunken werden. Täglich zwei bis drei Tassen davon trinken. Eine solche „Detox"-Kur kann über vier bis sechs Wochen durchgeführt werden. Achte darauf, dass in Fertigtee-Mischungen nicht zusätzlich noch weitere Kräuter enthalten sind. Frag im Zweifelsfall eine*n Heilpraktiker*in oder naturheilkundige*n Mediziner*in.

## Moderates Fasten

Eine regelrechte Fastenkur sollte auf jeden Fall nur unter fachlicher Anleitung oder therapeutischer Überwachung durchgeführt werden.

5 Wie wir feststellen können, sind uns viele der hier genannten Kräuter bereits durch die Herstellung der kosmetischen Hautpflegeprodukte vertraut.

Die Fastenzeit ist eine Erholungszeit für den Körper – auch wenn dieser anfangs noch mehr oder weniger starke Hungergefühle und eine gewisse Anspannung verspüren sollte. Doch nach spätestens zwei bis drei Tagen ist das Hungergefühl verschwunden. Ärztliche Aufsicht ist jedoch auf jeden Fall anzuraten.

Während des Fastens nimmst du bei Durst nur Wasser zu dir, auch Kräutertee ist erlaubt. Bei einer Saftfastenkur trinkst du tagsüber alle drei Stunden ein Glas frisch gepressten Gemüse- oder Obstsaft.

In den letzten Jahren ist das sogenannte Intervallfasten, das „Fasten auf Zeit", zu einer sehr beliebten Variante der klassischen Fastenkur geworden, die nicht jedermanns Sache ist. Hier stehen uns zwei Möglichkeiten zur Verfügung:

- Beim 5:2-Fasten isst du an 5 Tagen der Woche normal und an 2 Tagen deiner freien Wahl deutlich weniger oder fastest auch ganz.
- Beim 8:16-Fasten kannst du während 8 Stunden Nahrung zu dir nehmen, wann immer du magst, und die übrigen 16 Stunden isst du nichts, verzichtest also auch auf die beliebten Snacks zwischendurch.

## Die verschiedenen Hauttypen und ihre Probleme

Die verschiedenen Typisierungen, die sich auf die Beschaffenheit unserer Haut beziehen, wissen viel über den Menschen auszusagen – weit mehr als eine reine Beschreibung ihrer Oberfläche. Man muss die Botschaft der jeweiligen Haut nur verstehen lernen.

### Die entzündliche fettige Haut

Bei diesem Typ sondert die Haut übermäßig viel Fett ab, um es sozusagen als Schutzfilm auf der obersten Hautschicht abzulagern. Die Haut wirkt dadurch sehr dick. Die Abflusskanäle für das Fett vergrößern sich, damit die Haut die großen Fettmengen schnell an die Oberfläche transportieren kann. Öffnen sich die Poren nicht schnell und weit genug, kommt es zu Stauungserscheinungen, und durch den Druck von innen entstehen Pickel und Entzündungen, die nur sehr langsam wieder abklingen. Daher hat die fettige Haut also oft auch Unreinheiten oder Entzündungen zur Folge. Pickel entstehen verstärkt dort, wo die Haut nur schwach unterpolstert ist, nämlich auf der Stirnmitte, um die Nasengegend und am Kinn.

Da sich eine Behandlung von innen als sehr schwierig erweist, bleiben in erster Linie äußerliche Maßnahmen. Damit wird versucht, die Ausscheidung der Talgdrüsen zu dämpfen und dadurch auch Entzündungen schneller abklingen zu lassen.

Eine Verbindung mit Ernährungsfehlern wird bisweilen therapeutisch noch angesprochen, mögliche psychische Ursachen dagegen kaum. Neben einer erblich bedingten Veranlagung spielen diese aber wohl mit hinein. Die fettige (symbolisch: dicke) Haut, die man sich nach außen hin zulegt, soll einen Schutzwall gegen die Ärgernisse der Welt aufbauen. Dieser Typus fühlt sich leicht durch äußere Einflüsse irritiert, kann aber diesen Gefühlen nur sehr schwer Ausdruck verleihen.

Das Zurückhalten und die dadurch bedingte Stauung dieser Energie führen unter anderem zu einer Verlangsamung der Darmperistaltik, und es kommt zur Verstopfung. Stoffwechselabfallprodukte können nicht schnell genug über den normalen Weg ausgeschieden werden und suchen sich den Kanal über die Haut. Hinzu kann sich eine Vorliebe für schwer abbaubare Nahrungsmittel wie Zucker und Weißmehlprodukte gesellen.

Im Kern könnte es hier darum gehen, sich psychisch und physisch zu entspannen und loslassen zu lernen. Auf der physischen Ebene bieten sich hierfür Entschlackungs- und Entgiftungskuren an. Sie bringen wieder Bewegung in den sich hinter einer dicken Haut verschanzendem trägen Organismus. Wenn dieser Zugang einmal geöffnet ist, kann auch eine Lockerung auf der emotionalen Ebene eintreten.

Selbst jemand, der gewöhnlich eine normale und schöne Haut hat, weiß aus Erfahrung, dass nach stress- und spannungsgeladenen Situationen, die belastend wirken, sich die Haut plötzlich verändert oder Pickel zeigt und sich später, wenn wieder innere Ruhe eingekehrt ist, ganz von selbst wieder normalisiert, ohne dass äußerliche Schönheitsmittel angewendet wurden. Diese hätten sicherlich auf die Schnelle auch keine Wunder vollbringen können!

Wer fettige Haut mit Pickeln hat, leidet oft unter einem Gefühl von Unreinheit, das nicht aufgrund des objektiven Sachverhaltes besteht, dass hier und da ein Pickelchen erblüht, sondern damit zusammenhängt, dass sich die eigene Wahrnehmung darauf fokussiert und diesem Pickelchen wesentlich mehr Beachtung als jeder andere schenkt. Um sich von dieser Fixierung zu lösen und die Pickel nur noch als halb so schlimm anzusehen, kann man Folgendes versuchen: Es ist ein ganz einfaches Rezept, wir greifen hier zurück auf die „Blumen, die unsere Seele heilen": die Bachblüte „Crab Apple".

Wegen der engen persönlichen Beziehung, die bei der Herstellung des eigenen Heilmittels als wichtig gilt, könnte man nun die Beschreibung geben, an einem sonnigen, wolkenlosen Tag eine Handvoll Blüten des Holzapfelbaumes (*Malus sylvestris*) zu sammeln, sie in eine Glasschale mit ganz frischem Quellwasser zu legen und sie für drei bis vier Stunden in die Sonne zu stellen. Man lässt das Licht einige Stunden lang durch die Blütenblätter in das Wasser scheinen. In dieser Zeit nimmt das Wasser die subtile Energie der Holzapfelblüten auf. Das Wasser, das diese Information aufgenommen hat, gibt man am Ende, um es zu konservieren, mit der doppelten Menge 70 %-igem Alkohol (Weingeist) in eine Flasche, die man gut verschließt und kühl aufbewahrt. Bei Bedarf nimmt man davon 5 Tropfen, die man in ein Glas Wasser gibt und in kleinen Schlucken immer dann trinkt, wenn man das Gefühl hat, etwas Unreines loswerden zu wollen.[6]

Dieses Heilmittel wirkt vollständig auf das Denken, es hat keine direkte Heilwirkung auf die Pickel – und doch heilen diese danach oft schneller ab. Das mag sich vielleicht unwahrscheinlich, ja wie ein Zauber anhören, und manch einer war erst nach einigen Experimenten von der verblüffenden Wirkung überzeugt!

Bei der Pflege von konstitutionell fettiger Haut müssen wir darauf bedacht sein, sie nicht ständig entfetten zu wollen. Sie reagiert darauf, wie man es bei der Anwendung solcher Mittel auch in anderen Lebensbereichen feststellen kann: mit noch mehr Fettproduktion! Schon kurze Zeit nach einer Entfettungsprozedur glänzt die Nase mehr als vorher. Mattieren mit Puder hilft zwar kurzfristig, dann aber entstehen durch die verstopften Poren neue Pickel, die weitaus größere Probleme bereiten können als ein bisschen Glanz auf Nase, Stirn oder Kinn.

Für diesen Hauttyp eignen sich alle Cremes, Lotionen und Packungen, denen entzündungshemmende und zusammen-

---

6 Da es sich heutzutage als sehr schwierig erweisen dürfte, sowohl echte wilde Holzapfelbäume als auch reines Quellwasser zu finden, weisen wir darauf hin, dass die Holzapfeltinktur (als „Crab Apple", eine der Bachblüten) in Apotheken erhältlich ist.

ziehende (= adstringierende) Pflanzenwirkstoffe beigegeben sind. An ätherischen Ölen sind Bergamotte, Eukalyptus, Rosengeranie (*Pelargonium graveolens*), die Lavendelarten und Kampfer zu empfehlen. Hamamelis-Hydrolat wirkt lindernd, ebenso Kräuterauszüge von Thymian und Salbei.

Bei der täglichen Reinigungswäsche nimmst du am besten eine überfettete Pflanzenseife mit zusätzlichem Ölanteil und kaltes bis lauwarmes Wasser. Gesichtsmassagen mit Öl fördern die Durchblutung, desgleichen regelmäßige Kleiebehandlungen (siehe Seite 24).

Bei fettiger Haut gilt für die Ernährung als allgemeine Richtschnur: möglichst nicht über den Hunger hinaus essen, mit Zucker sehr sparsam umgehen, blutreinigende Tees (siehe Seite 88) trinken, viel frisches Obst und Gemüse essen.

## Die empfindliche fettige Haut

Die Haut sondert auch hier zu viel Fett ab, enthält darüber hinaus aber auch Wassereinlagerungen (= Ödeme). Dieser Hautzustand wird als ödematös bezeichnet.

Bei diesem Hauttyp helfen ebenfalls Entschlackungs- und Entgiftungskuren, die etwas Bewegung in das zu träge Hautgewebe bringen. Das hilft, Polster abzubauen, und führt über diesen Weg zu mehr Auseinandersetzung mit der Umwelt. Wenn die Aktivität zunimmt, verringern sich auch die Wasseransammlungen im Hautgewebe.

Für diesen Hauttyp eignen sich alle Cremes, Lotionen, Packungen und Bäder, die pflegende und wasserentziehende Pflanzenwirkstoffe haben. An ätherischen Ölen sind Basilikum, Benzoe, Muskatellersalbei, Rosmarin und Wacholder zu empfehlen.

Auch kalt-warme Wechselbäder sind hilfreich, ebenso wie Massagen, da sie die Durchblutung fördern. Bei der Ernährung gelten die gleichen Richtlinien wie bei der entzündlich-fettigen Haut (Seite 90).

## Die trockene Haut

Während bei den vorangegangenen Hauttypen ein Überschuss an Fett und/oder Wasser vorhanden ist, hat die trockene Haut einen Mangel daran.

Es ist ein Zuwenig an Leben vorhanden, und das Organ, das Leben gibt, nämlich die Leber, verliert an Vitalität und kann die Nahrung, die dem Körper angeboten wird, nicht mehr vollständig umstrukturieren. Wenn die Funktion der Leber eingeschränkt ist, kommen dem Organismus nicht mehr alle Lebensmittel zugute. Der Impuls zu diesem Vitalitätsmangel kann erblich bedingt sein oder durch eine bestimmte geistige Einstellung verstärkt werden. Es können aber auch Ernährungsmängel vorliegen, wobei größere Mengen an toter Substanz aufgenommen werden. Dazu können Medikamente und Zucker gehören. Wenn die Haut trocken ist, kann das auch vom Darm kommen, der dann verschlackt und für lebenswichtige Substanzen nicht mehr durchlässig genug ist. In diesem Fall gibt es spezielle Darmreinigungskuren, die nur unter ärztlicher Aufsicht durchgeführt werden sollten, weil sich dabei auch viele festgesetzte toxische Stoffe lösen.

Auch lang anhaltende Beziehungsstörungen und Ängste aller Art können dem Flüssigkeitshaushalt schaden. Solche Ängste beeinträchtigen die Nierenfunktion, und der Körper nimmt entweder zu wenig Wasser auf oder scheidet zu viel davon aus. Langfristig entstehen dann die Symptome der trockenen Haut.

Auch eine Problemhaut kommt nicht nur von außen. Wir können durch hautpflegende Maßnahmen von außen zwar sehr viel verändern, doch immer nur unter Einbeziehung des ganzen Menschen.

Die Ernährung bei trockener Haut sollte sich daran halten, auf alle chemisch präparierten Nahrungsmittel sowie auf Zucker und Weißmehl zu verzichten; ferner so wenig wie möglich konventionelle Medikamente einzunehmen und auf Alkohol und Zigaretten ganz zu verzichten. Eventuell ist nach Absprache mit dem Arzt eine Darmreinigungskur nötig.

Für die trockene Haut eignen sich alle Cremes, Lotionen, Packungen und Bäder, die zugleich die Haut nicht reizen und nährend für sie sind. Bei der täglichen Pflege solltest du möglichst hartes Wasser vermeiden und stattdessen Brunnenwasser, Milch, Buttermilch oder Lindenblütentee verwenden. Auch stilles Mineralwasser ist möglich. Vor der Sonne solltest du dich hüten, sie kann die trockene Haut schnell welken und vorzeitig altern lassen. Dieser Hauttyp mag auch kalten, trockenen Wind nicht. Sobald es regnet, feucht ist oder Nebelschwaden aufziehen, ist die richtige Zeit für die trockene Haut gekommen. Spaziergänge bei diesem Wetter sind die natürlichste und billigste Schönheitspflege für sie.

### **NEROLI-HONIG-WASSER** (FÜR JEDE HAUT)

100 ml Orangenblütenwasser (Hydrolat)
1 Teelöffel Orangenblütenhonig
2 Esslöffel 70%-iger Alkohol (Weingeist)
4 Tropfen ätherisches Neroliöl

Gib das Orangenblütenwasser, den Honig und den Alkohol zusammen in eine Glasflasche, verschließ sie und schüttle sie kräftig. Dann füge das Neroliöl hinzu und schüttle nochmals alles gut durch.

Dieses süß und sehr feminin duftende Gesichtswasser wird von jedem Hauttyp gut vertragen, denn es reizt die Haut nicht und kann daher speziell dann eingesetzt werden, wenn sie zu Entzündungen oder zur Rötung neigt. Die Honigbeigabe wirkt lindernd, reinigend und glättend.

Bei Empfindlichkeit gegenüber dem Alkohol kann dieser auch weggelassen werden. Das Gesichtswasser sollte dann aber unbedingt kühl aufbewahrt und innerhalb von drei Monaten aufgebraucht werden, ansonsten wäre es etwas länger haltbar.

## MANDELMILCH (BEI TROCKENER HAUT)

30 g geschälte Mandeln
70 ml Mandelblütenwasser (Hydrolat) oder destilliertes Wasser
1 Handvoll Mandelblüten
30 ml Rosenwasser (Hydrolat)

Diese Rezeptur wird am besten im Frühjahr hergestellt, wenn die Mandelbäume blühen. Zwar gibt es die frischen Mandeln erst im Spätherbst, aber durch den kühlen Winter halten sie sich gut bis ins Frühjahr und werden erst im Sommer bis zum Hochsommer unbrauchbar. Man nimmt also frische Mandeln, blanchiert sie kurz in kochendem Wasser – denn dann lassen sich die Schalen sehr leicht abziehen – und lässt sie wieder trocknen. Dann lassen sie sich leichter in einer Mühle fein mahlen. Unter ständigem Rühren wird in einer Schale das Mandelblütenwasser, zuletzt das Rosenhydrolat hinzugegeben. Lass dieses Gemisch einen Tag lang im Kühlen stehen und seihe es dann durch ein feines Leinentuch ab. Press dabei die Mandelrückstände gut aus.

Diese milchige Flüssigkeit hat die pflegenden Eigenschaften der Mandeln und den herrlichen Duft der Mandel- und Rosenblüten. Die Milch ist leicht fett und von daher besonders für die trockene Haut geeignet.

## VIER-KRÄUTER-LOTION

1 Esslöffel Kamillenblüten und -blätter (Echte Kamille, *Matricaria chamomilla*)
1 Esslöffel Salbeiblätter

1 Esslöffel Rosenblütenblätter
1 Esslöffel Lavendelblüten und -blätter (Echter Lavendel)
30 ml 70%-iger Alkohol (Weingeist)
70 ml destilliertes Wasser
10 Tropfen ätherisches Jasmin- oder Weihrauchöl

Gib die getrockneten Kräuter in ein Glas- oder Porzellangefäß mit weitem Hals und gieß dies mit dem Alkohol und dem destillierten Wasser auf. Dann wird das Gefäß gut verschlossen und für 5 bis 7 Tage an einen kühlen Ort gestellt. Seihe nach dieser Zeit die Flüssigkeit durch ein feines Leinentuch ab und presse die noch in den Kräutern verbliebene Flüssigkeit gut heraus, weil diese besonders kräftig ist.

Erst wenn diese Lotion schon in eine Glasflasche abgefüllt ist, tropfe je nach Wunsch für einen süßlich-femininen Duft ätherisches Jasminöl, oder für einen eher herb-männlichen Duft ätherisches Weihrauchöl hinein. Diese Lotion kräftigt die Haut, gibt ihr Spannkraft und wirkt mild belebend.

## **VERJÜNGUNGSLOTION** (FÜR JEDE HAUT)

4 Esslöffel Lavendelblüten (Echter Lavendel)
30 ml 70%-iger Alkohol (Weingeist)
70 ml destilliertes Wasser
20 Tropfen ätherisches Lavendelöl
10 Tropfen ätherisches Neroliöl

Verjüngungslotion – das klingt ein wenig nach Hokuspokus, zumindest aber etwas unseriös ... Doch wenn wir die Wirkungsweise der Lavendelblüten und des ätherischen Öls genauer betrachten, so erkennen wir ihre zellerneuernde Wirkung, die sich regenerierend und damit verjüngend auf die Haut auswirkt. Wie alle ätherischen Öle regen auch diejenigen von Lavendel und Neroli die Zellerneuerung verstärkt an: Altes Zellmaterial wird abgestoßen, mehr neue Zellen werden gebildet, und dieser Prozess zeigt sich dann als verjüngender Effekt im Sinne einer schnelleren Regeneration der Haut.

Darüber hinaus wirkt der Lavendel beruhigend und wohltuend nicht nur auf die Haut, sondern auch auf das Gemüt. Gerade bei ätherischen Ölen müssen wir bedenken, dass die Wirkung nicht auf die Hautoberfläche beschränkt bleibt, sondern sich – wie es schon im Namen dieser Öle anklingt – den Weg zum Ätherleib des Menschen, also zu seiner Psyche bahnt.

Gib die Lavendelblüten in ein weithalsiges Glas- oder Porzellangefäß, übergieße sie mit Alkohol und destilliertem Wasser und lass das Gemisch für 5 bis 7 Tage an einem kühlen Ort ziehen. Danach wird die Flüssigkeit durch ein feines Leinentuch abgeseiht und die noch in den Kräutern verbliebene Flüssigkeit gut herausgepresst, weil diese besonders konzentriert ist. Füll dann die Lotion in eine Glasflasche, gib das Lavendel- und das Neroliöl hinzu und schüttle alles gut durch.

### **KAMILLENLOTION** (BEI EMPFINDLICHER HAUT)

1 Handvoll Kamillenblüten (*Matricaria chamomilla*)
30 ml 70%-iger Alkohol (Weingeist)
70 ml destilliertes Wasser
10 Tropfen ätherisches Kamillenöl

Diese Lotion ist besonders für empfindliche, gerötete, zu allergischen Hautreaktionen neigende und von Akne befallene Haut geeignet, denn die Kamille wirkt entzündungshemmend, antiseptisch und heilungsfördernd.

Gib die Kamillenblüten in ein weithalsiges Glas- oder Porzellangefäß, übergieße sie mit Alkohol und destilliertem Wasser und lass die Blüten darin 5 bis 7 Tage an einem kühlen Ort ziehen. Seihe danach die Flüssigkeit durch ein feines Leinentuch ab und presse die noch in den Kamillenblüten verbliebene Flüssigkeit gut heraus. Dann füllst du die Lotion in eine Glasflasche und tropfst zum Schluss das ätherische Öl hinzu. Verschließ die Flasche, nachdem du die Lotion gut durchgeschüttelt hast.

### **HUFLATTICHLOTION** (BEI FETTIGER HAUT)

4 Esslöffel Huflattichblätter
4 Esslöffel Hamameliswasser (Hydrolat)
50 ml destilliertes Wasser
10 ml 70%-iger Alkohol (Weingeist)
1 Teelöffel Apfelessig in Bioqualität oder etwas Saft von einer ungespritzten Zitrone

Gib die Huflattichblätter in ein weithalsiges Glas- oder Porzellangefäß, übergieße sie mit destilliertem Wasser und Alkohol und lass dies 5 bis 7 Tage an einem möglichst kühlen Ort mazerieren. Seihe danach die Flüssigkeit durch ein feines Leinentuch ab und presse dann die noch verbliebene Flüssigkeit gut aus den Blättern heraus. Füge das Hamamelis-Hydrolat und den Apfelessig/Zitronensaft hinzu und verschließ die Flasche.

Die in der Huflattichlotion enthaltene Wirkstoffkombination wirkt in erster Linie reizmildernd, antiseptisch, entzündungshemmend und entfettend, ist also für die unreine oder von Akne geplagte Haut besonders zu empfehlen. Der Essig und/oder die Zitrone wirken erfrischend und desinfizierend und entfetten die Haut auf sanfte Weise ebenfalls. Bei langfristiger Anwendung kann man Hautunreinheiten damit vorbeugen.

## Cremes mit Emulgator

Schöne weiche Cremes, die länger haltbar sind als frischer Rahm, bereitet man in Form von Emulsionen zu. Normalerweise mischen sich Öl und Wasser nicht miteinander, chemisch gesprochen: Sie sind nicht ineinander löslich. Um ein stabiles Öl-Wasser-Gemisch zu erhalten, muss man deshalb einen Emulgator untermischen: einen Stoff, der selbst sowohl fett- als auch wasserlöslich ist. Dieser verbindet die unterschiedlichen Bestandteile des Öl-Wasser-Gemischs. Emulgatoren sind beispielsweise Bienenwachs, Lanolin oder Walrat-Ersatz.

Dazu erwärmt man das Öl und den Emulgator im heißen Wasserbad und gibt dann unter ständigem kräftigem Rühren den wässrigen Anteil hinzu.

**HINWEIS:** Walrat ist eine fett- und wachshaltige Substanz aus dem stark vergrößerten Vorderkopf des Pottwals. Wegen seiner vielfältigen Verwendungszwecke, darunter auch in kosmetischen Pflegeprodukten als Emulgator oder in pharmazeutischen Zubereitungen wie Kühlsalben, war der Pottwal bis 1984 (!) ein beliebtes Objekt des industriellen Walfangs. Die Verwendung von Cetylalkohol aus Walrat in der Pharmazie wurde 1978 durch künstlich hergestelltes Cetylpalmitat ersetzt. Als pflanzlicher Ersatz für Walrat könnte heute das flüssige Wachs aus den Samen des Jojobastrauches dienen.

Die folgenden Rezeptbeispiele sollen nur als Anhaltspunkte dienen. Mit ein wenig Fingerspitzengefühl, das sich sehr schnell beim Experimentieren entwickelt, bekommt man ein Gespür für die einzelnen Bestandteile und ihre Fähigkeiten, miteinander zu emulgieren. Wir können dann ganz nach unseren eigenen Bedürfnissen Cremes oder Hautmilch herstellen und sie mit pflegenden Zusätzen und Duftnoten nach eigener Vorliebe versehen.

Sollte eine Creme einmal misslingen, das heißt, nicht die gewünschte Konsistenz haben, kann man sie nochmals im Wasserbad schmelzen, eventuell die eine oder andere Zutat ergänzen und wieder kaltrühren. Wird eine Creme flockig, dann kann es daran liegen, dass die Temperaturen von fettem und wässrigem Anteil zu sehr voneinander abweichend waren und deshalb nicht gut emulgiert sind. Es genügt dann ebenfalls meistens, die Creme nochmals zu erwärmen und kontinuierlich kaltzurühren.

Grundsätzlich gelingen die Cremes besser, wenn wir sie in größeren Mengen zubereiten.

---

**ZITRONENCREME** (BEI FETTIGER HAUT UND JUCKREIZ)

---

4 g Bienenwachs
10 ml Jojobaöl (oder eine entsprechende Menge Walratersatz)
45 ml Avocadoöl
20 ml Zitronensaft
20 ml destilliertes Wasser
5 Tropfen ätherisches Zitronenöl

Bienenwachs, Walratersatz bzw. Jojobaöl und Avocadoöl im heißen Wasserbad schmelzen lassen. Der Zitronensaft wird frisch gepresst, gefiltert und dann abgemessen. Zusammen mit dem destillierten Wasser auf eine annähernd gleiche Temperatur wie das Ölgemisch erwärmen und langsam, in kleinen Portionen und unter ständigem Rühren mit einem extra kleinen Schneebesen hinzufügen.

Nimm jetzt den Rührtopf aus dem Wasserbad, jedoch ohne mit dem Rühren auszusetzen; gib das Zitronenöl hinzu und rühr so lange weiter, bis die Creme nahezu erkaltet ist. Dann in kleinen Portionen in Cremetöpfchen abfüllen.

Zitrone ist ein ausgezeichnetes Hautpflegemittel, sie hat einen herrlich frischen Duft und wirkt durchblutungsfördernd. Das ätherische Zitronenöl wirkt antiseptisch, alkalisierend und zellerneuernd. Sehr geeignet ist diese Creme bei fettiger Haut, außerdem lindert sie Juckreiz.

### Lavendelcreme (für jede Haut)

4 g Bienenwachs
15 g Lanolin
45 ml Olivenöl
1 Esslöffel Lavendelblüten
100 ml destilliertes Wasser
6 Tropfen ätherisches Lavendelöl

Bienenwachs, Lanolin und Olivenöl im heißen Wasserbad schmelzen lassen. Inzwischen die Lavendelblüten mit kochendem destilliertem Wasser übergießen, sie darin kurz ziehen lassen und abseihen. Von diesem Aufguss 45 ml nehmen und unter ständigem Rühren mit einem kleinen Schneebesen zu dem Fett-Öl-Gemisch geben. Aus dem Wasserbad herausnehmen und zur Seite stellen, ohne jedoch das Rühren zu unterbrechen. Rühr so lange weiter, bis die Creme nahezu erkaltet ist, und füll sie dann sogleich in kleinen Portionen in Cremedöschen ab.

Die Lavendelcreme hat einen herrlichen Duft, wirkt sehr beruhigend auf die Haut und wird von jedem Hauttyp gut vertragen. Die Farbe der Creme ist dunkelbläulich bis -grünlich.

### Rosencreme (für jede Haut)

4 g Bienenwachs
10 ml Jojobaöl (oder Walratersatz)
40 ml Olivenöl
30 ml Rosenwasser (Hydrolat)

Bienenwachs und Walratersatz bzw. Jojobaöl im heißen Wasserbad schmelzen lassen, dann das Olivenöl hinzugeben und weiter erwärmen. Inzwischen wird das Rosenhydrolat auf annähernd die gleiche Temperatur erhitzt und unter ständigem Rühren mit einem kleinen Schneebesen zu dem Wachs-Öl-Gemisch gegeben. Dann aus dem Wasserbad nehmen und zur Seite stellen, aber weiterrühren, bis die Creme nahezu erkaltet und fest geworden ist. In kleinen Portionen abgefüllt und kühl aufbewahrt, ist sie einige Wochen haltbar.

Die Rose ist ein ausgezeichnetes Hautpflegemittel. Sie wirkt adstringierend und straffend und verleiht somit einen schönen glatten Teint. Die in der Rose enthaltenen antiseptischen Wirkstoffe machen diese Creme auch zur Pflege von entzündlicher Problemhaut geeignet.

### **KAMPFERMILCH** (BEI FETTIGER HAUT)

30 g Lanolin
1 kleine Messerspitze Kampfer
40 ml Avocadoöl
30 ml Rosenwasser (Hydrolat)

Das Lanolin im heißen Wasserbad verflüssigen, dann das Avocadoöl und den Kampfer hinzugeben und nochmals unter Rühren erhitzen, bis sich die Fette verbunden haben. Inzwischen das Rosenwasser auf annähernd die gleiche Temperatur erwärmen und unter ständigem Rühren mit einem kleinen Schneebesen zu dem Fett-Öl-Gemisch geben. Dann nimmt man es aus dem Wasserbad und stellt es zur Seite, rührt jedoch weiter, bis die Mischung nahezu erkaltet ist und eine ziemlich feste Konsistenz bekommen hat. Sie wird sogleich in kleinen Portionen abgefüllt und kühlgestellt.

Das Rosenhydrolat wirkt adstringierend und antiseptisch und strafft die Haut. In Verbindung mit Kampfer, der, in kleinen Mengen zugegeben, lindernd auf Hautunreinheiten wirkt, ist diese Creme besonders für den fettigen Hauttyp geeignet. Sie kann auch partiell aufgetragen werden, wenn Pickel zum Abklingen gebracht werden sollen.

## EAU DE COLOGNE

240 ml 70%-iger Alkohol (Weingeist)
100 ml Orangenblütenwasser (Hydrolat)
60 Tropfen ätherisches Zitronenöl
60 Tropfen ätherisches Bergamotteöl
20 Tropfen ätherisches Rosmarinöl
20 Tropfen ätherisches Neroliöl

Gib alle Zutaten in eine Glasflasche und lass diese Mischung einige Monate lang stehen. Schüttle sie von Zeit zu Zeit kräftig durch. Wenn nötig, kann sie auch noch durchgefiltert werden.

HINWEIS: Nach heutiger Einschätzung von Aromatherapeuten enthält die ursprüngliche Rezeptur des „Kölnisch Wasser 4711" aus dem Jahre 1809 sowohl einen zu hohen Anteil an Alkohol als auch eine zu hohe Dosierung der ätherischen Öle. Bei obigem Rezept wurde versuchsweise eine weniger stark konzentrierte Mischung angegeben. Der Anteil an ätherischen Ölen ist hier allerdings noch immer relativ hoch.

## Kompressen

Kompressen sind Bäder für die Gesichtshaut. Da man das Gesicht nicht wie andere Körperteile beliebig lange ins Wasser tauchen kann, tränkt man ein Tuch mit nährenden, pflegenden oder heilenden Substanzen und legt es auf. Müde, das heißt, schlecht durchblutete Haut wird erfrischt und belebt, bekommt ein frisches, glattes und bei heißen Kompressen auch ein rosiges Aussehen – wenn man das mag. Je nach Hauttyp kannst du dir die entsprechenden Kräuterzusätze auswählen oder auch ätherische Öle beigeben (siehe Liste auf Seite 120).

### BLÜTENKOMPRESSE (BEI TROCKENER HAUT)

2 Esslöffel Schafgarbenblüten
2 Esslöffel Kamillenblüten (*Matricaria chamomilla*)
2 Esslöffel Heckenrosenblüten (*Rosa corymbifera*)

Die Blüten werden in 1 Liter Wasser (wenn kein Quellwasser verfügbar ist, abgekochtes Leitungswasser verwenden) gegeben und einen Tag lang darin mazeriert. Gieß dann die Flüssigkeit durch ein feines Leinentuch ab und erwärme sie auf eine für die Haut angenehme Temperatur. Dann werden Leinentücher in das Kräuterwasser getaucht und als warme Kompressen auf das Gesicht gelegt.

Diese Kräutermischung ist speziell auf die Bedürfnisse der trockenen Haut abgestimmt. Massier danach die Gesichtshaut mit Oliven-, Mandel- oder Avocadoöl oder streiche eine Rahmcreme darauf (Seite 82 f.).

## WEIZENKLEIE-ESSIG-KOMPRESSE (BEI FETTIGER UND UNREINER HAUT)

3 Esslöffel Weizenkleie
6 Esslöffel Weinessig in Bioqualität

Die Weizenkleie wird in den Essig gegeben und in einem Töpfchen auf dem Herd leicht erwärmt. Dann zur Seite stellen und 6 bis 8 Stunden ziehen lassen.

Gib dann die Hälfte davon auf ein Leinentuch, streiche die Kleie glatt und verteil sie auf deinem Gesicht. Etwa 30 Minuten lang sollte die Kompresse einwirken. Wenn man sie häufig anwendet, bringt sie alle Unsauberkeit der Haut zum Verschwinden. In dieser Kompresse entfalten sich die heilenden und glättenden Eigenschaften der Weizenkleie sowie die adstringierenden und erfrischenden Eigenschaften des Essigs, der die Haut desinfiziert und auf sanfte Weise entfettet und damit langfristig unreiner Haut vorbeugt.

## GRÜNE KRÄUTERKOMPRESSE (FÜR JEDE HAUT)

1 Liter Quellwasser
2 Esslöffel Rosmarinblätter und -blüten
2 Esslöffel Salbeiblätter und -blüten
1 Esslöffel Thymianblüten

Die Kräuter werden in 1 Liter Wasser von möglichst sauberer Qualität gegeben und einen Tag lang darin mazeriert. Gieß dann die Flüssigkeit durch ein feines Leinentuch ab und erwärme sie auf eine für die Haut angenehme Temperatur. Jetzt werden Leinentücher in das Kräuterwasser getaucht und als warme Kompressen auf das Gesicht gelegt. Diese Kräutermischung ist für jeden Hauttyp geeignet, denn sie wirkt ausgleichend.

### **BLÜTENKOMPRESSE** (FÜR JEDE HAUT)

1 Liter Quellwasser
2 Esslöffel Malvenblüten
1 Esslöffel Rosenblätter
1 Esslöffel Thymianblüten
1 Esslöffel Lindenblüten

Die Blütenkräuter werden in 1 Liter Wasser (anstelle von Quellwasser abgekochtes Leitungswasser verwenden) gegeben, darin 15 Stunden mazeriert und anschließend durch ein feines Leinentuch oder ein Kaffeefilterpapier abgeseiht. Erwärme dann das Kräuterwasser und leg dir warme Kompressen auf das Gesicht.

Diese Kompresse gibt der Haut ihre natürliche Spannkraft zurück, wenn sie schlaff geworden ist, und wirkt insgesamt ausgleichend auf das Hautgewebe.

## Duftpuder

Puder wurden zu allen Zeiten gerne hergestellt – nicht zuletzt deshalb, um den so verpönten glänzenden Nasen den Kampf anzusagen. Heute benutzt man kaum noch Gesichtspuder, da sie immer einen Hauch von Künstlichkeit verbreiten und dem Gesicht einen irgendwie unecht starren Ausdruck verleihen.

Zur Pflege der Füße und der Achselhöhlen eignet sich Körperpuder jedoch immer noch gut. Er saugt Körperschweiß auf, und wenn man ihm desodorierende ätherische Öle beifügt, kann er sogar übermäßiges Bakterienwachstum an den stark schwitzenden Körperpartien stoppen, denn ein unangenehmer und zu starker Schweißgeruch kommt dann zustande, wenn die Bakterienflora aus dem Gleichgewicht geraten ist.

Man sollte aber niemals versuchen, die Ausdünstungsmenge durch schweißhemmende Mittel einzuschränken. Schwitzen ist eine normale Funktion des Körpers und Teil eines notwendigen Stoffwechselprozesses. Oft können wir feststellen, dass durch die Anwendung überdeckender Deodorants bei stark riechendem Schweiß ein erst recht unüberriechbar brisantes Duftgemisch entstanden ist.

Talkum (ein magnesiumhaltiges Mineral) galt lange als hervorragend geeignete Pudergrundlage, die zudem mit feinst pulverisierten Kräutern und ätherischen Ölen angereichert werden kann, um die desodorierenden wie auch parfümierenden Wirkungen zu erzielen. Allerdings steht Talkum schon seit einigen Jahren im Verdacht, krebserregend zu sein, unter anderem, da es Asbest enthalten kann. Davon sind auch Babypuder sowie die Verwendung von Puder im weiblichen Genitalbereich betroffen. Man kann heute auf Puder ohne Talkum, also einwandfrei asbestfreien Puder ausweichen. Ebenso kann als Ersatz Weizenpuder (aus Weizenstärke) verwendet werden.

Die beiden folgenden Rezepte sind Beispiele dafür, wie man früher Duftpuder herstellte:

## DUFTPUDER I.

125 Gramm Blütenblätter von Damaszenerrosen
60 Gramm Rhodiumholz (Kanarisches Rosenholz)
30 Gramm Gewürznelken und
45 Gramm Styrax

werden zusammen mit je 10 Körnchen Moschus und Zibet sehr fein pulverisiert und gut miteinander vermischt.

## DUFTPUDER II.

125 g Florentinische Schwertlilienwurzel (*Iris germanica* 'Florentina')
45 g getrocknete Damaszenerrosen
15 g Benzoeharz und die halbe Menge Styrax
etwas Gelbes Sandelholz
½ Drachme (ca. 2 g) Gewürznelken
ein wenig Zitronenschale

werden in einem Mörser zu sehr feinem Pulver zerstoßen. 2500 g zerstoßene Weizenstärke hinzugeben, alles gründlich miteinander vermischen und durchsieben. Der fertige Puder muss sehr trocken aufbewahrt werden.

**HINWEIS:** Moschus stammt von den Drüsen des Moschusochsen, Zibet ist ein Drüsensekret der Zibetkatze. Beide Substanzen sollten aus Gründen des Tier- und des Artenschutzes nicht verwendet werden. Heute gibt es beide Duftstoffe auch in synthetisch hergestellter Form, allerdings gilt der synthetische Moschusduft als problematisch für Gesundheit und Umwelt. Die „Zibet- und Moschuskörnchen" in diesem Puder können auch sehr gut durch jeweils 20 Tropfen eines duftintensiven ätherischen Öls ersetzt werden, zum Beispiel Weihrauch (*Boswellia serrata*), Zypresse (*Cupressus sempervirens*) oder Indisches

Patchouli (*Pogostemon cablin*). Dies gilt auch für die folgenden alten bzw. überlieferten Rezepte, in denen Zibet und Moschus angegeben sind.

## BERGAMOTTE-PUDER

25 g asbestfreier Talkumpuder bzw. Weizenpuder
10 ml 70%-iger Alkohol (Weingeist)
5–10 Tropfen ätherisches Bergamotteöl

Gib den Talkum-Puder in einen schmalen hohen Topf und tropfe nach und nach das mit dem Alkohol vermischte Bergamotteöl hinzu. Dabei verrührst du dies mit einem geeigneten Rührgerät, nachdem der letzte Tropfen gefallen ist, kurz weiter und schüttest den Puder dann dreimal durch ein sehr feines Haarsieb. Da der Puder gerne Feuchtigkeit aufnimmt, musst du ihn in einer gut verschließbaren Dose oder einem Glas mit Schraubdeckel trocken aufbewahren.

Das Talkum bzw. der Weizenpuder nimmt die Feuchtigkeit von der Haut. Das Bergamotteöl hat antiseptische, desinfizierende und desodorierende Eigenschaften. Diese Komposition eignet sich deshalb besonders bei starker Körperausdünstung.

## ARNIKA-LAVENDEL-PUDER

15 g asbestfreier Talkumpuder bzw. Weizenpuder
10 g Weizenstärke
2 Teelöffel getrocknete Lavendelblüten
10 ml 70%-iger Alkohol (Weingeist)
10 Tropfen ätherisches Lavendelöl
10 Tropfen Arnikatinktur

Gib den Talkum- oder Weizenpuder und die Weizenstärke in einen schmalen hohen Topf. Die Lavendelblüten werden im Mörser zu feinstem Pulver zerstoßen und durch ein Haarsieb ebenfalls in den Topf gesiebt. Dann tropfst du nach und nach die miteinander vermischten flüssigen Zutaten unter ständigem Rühren mit einem dafür geeigneten Küchengerät hinzu. Bevor du den Puder in eine gut verschließbare Dose abfüllst, gib ihn noch dreimal durch ein sehr feines Haarsieb.

Auch dieser Puder hat nicht nur einen sehr schönen Duft, sondern auch eine desinfizierende, desodorierende und beruhigende Wirkung auf die Schweißdrüsen.

Nach diesen beiden Grundrezepten können wir ganz nach unserem eigenen Geschmack zusammengestellte herrliche Duftpuder mischen. Als duftende Zusätze kommen immer ätherische Öle und pulverisierte Kräuter infrage.

# Rasierwasser

### HAMAMELIS-RASIERWASSER

100 ml Hamameliswasser (Hydrolat)
25 ml Arnikawasser (Hydrolat)
25 ml 70%-iger Alkohol (Weingeist)
1 Messerspitze Kampfer
1 Messerspitze Alaun

**HINWEIS:** Alaun, ein Sammelbegriff für bestimmte in der Natur vorkommende Salze, wurde auch „Alaunstein nach der Rasur" genannt. Er wurde früher, wie in diesem alten Rezept, traditionell zum Einreiben der Haut nach der Nassrasur verwendet, hat antibakterielle Eigenschaften und wirkt adstringierend und blutstillend. Da es sich um eine nicht ganz ungefährliche Substanz handelt, sollte man vielleicht auf diese „Messerspitze" verzichten.

Hamameliswasser und Arnikawasser werden miteinander vermischt. Dann den Kampfer im Alkohol auflösen und beide Mischungen gemeinsam in eine Glasflasche geben, die gut durchgeschüttelt wird.

Dieses Rasierwasser hat eine stark entzündungshemmende und zusammenziehende Wirkung und wird auch von empfindlicher Haut gut vertragen. Es wird nach der Rasur verwendet.

## KRÄUTER-RASIERWASSER

1 Esslöffel Blätter der Schwarzen Johannisbeere
1 Esslöffel Pfefferminzblätter
1 Esslöffel Bohnenkrautblätter
1 Esslöffel Arnikablüten
1 Esslöffel Schöllkraut (Blätter und Blüten)[7]
½ Liter 70%-iger Alkohol (Weingeist)

Die getrockneten Blätter in einen Mörser geben und zu Pulver zerstoßen. Davon jeweils zwei Teelöffel nehmen und sie in den Alkohol geben und darin 3 Tage lang mazerieren lassen (am besten um den Vollmond herum). Dann abseihen durch ein sehr feines Tuch, zum Beispiel aus Seide, oder notfalls auch durch ein Kaffeefilterpapier. Nach der Rasur verwenden.

## LINDENBLÜTEN-RASIERWASSER

3 Esslöffel Lindenblüten
50 ml destilliertes Wasser

Die Lindenblüten werden in einem Mörser zu feinem Pulver zerstoßen. Drei Messerspitzen davon in das destillierte Wasser geben und 3 Tage lang darin mazerieren lassen. Anschließend abseihen und als Gesichtslotion *vor der Rasur* verwenden.

Die Inhaltsstoffe der Lindenblüten sagen vieles über die Wirkung der Rasierlotion aus: Schleimstoffe, Gerbstoffe und ein wohlduftendes ätherisches Öl sowie besondere Substanzen, die auf unser Hormonsystem einwirken. Ob das auch für die Bienen und Hummeln gilt, für welche die Linde eine verlockend duftende Weide bietet?

7 Schöllkraut ist giftig bei innerlicher Anwendung (Leber), gilt aber nicht als giftig bei äußerlicher Anwendung auf der Haut.

## Packungen

Packungen haben bei der Hautpflege einen großen Vorteil: Man kann alles, was man sich nur denken kann, an heilenden und nährenden Substanzen hineinpacken. Denn eine Packung legt man sich in aller Stille und Zurückgezogenheit auf, das heißt, in diesem Stadium geht es noch nicht um Schönheit. Alles, was wir beispielsweise in der Küche an die Haut nährenden und pflegenden Lebensmitteln finden, können wir zu Packungen verarbeiten.

Wir müssen nur darauf achten, eine gut verstreichbare, nicht zu flüssige Mixtur zusammenzustellen – und schon können wir diese nach gründlicher Reinigung auf die Haut auftragen und sie die Nähr- und Pflegestoffe einfach genießen lassen. Je nach Zusammenstellung kann eine Packung die Haut nähren, heilen, erfrischen, entspannen, klären, durchbluten, durchfeuchten, glätten oder schmirgeln. Nach einer längeren Einwirkungszeit – und darauf kommt es an, denn die Haut braucht Zeit, all die kostbaren Zutaten aufzunehmen –, wäscht man sie sanft mit warmem Wasser ab.

Bei der Zusammenstellung der Rezepturen kannst du dich getrost von einer beflügelten Fantasie leiten lassen. Wenn du an mögliche Zutaten für die Hautpflege denkst, wirst du ganz intuitiv zu den besten und frischesten greifen, die sich in der Küche finden lassen: Milch, Sahne, Quark, Milchzucker, Ei, Honig, Hefe, Nüsse, Vollkornprodukte und gutes Wasser, Zitronen und Essig – und natürlich jede Menge an Kräutern und/oder ätherischen Ölen ebenso wie hochwertige Pflanzenöle. Du musst nur die Wirkung der einzelnen Bestandteile kennen, und schon kannst du für den eigenen Bedarf genau das Richtige komponieren.

### Eigelb-Schönheitsmaske (bei trockener, empfindlicher Haut)

2 Eigelbe
1 Esslöffel kaltgepresstes Olivenöl in Bioqualität
3 Tropfen ätherisches Rosenöl

Verquirle das Eigelb mit dem Olivenöl und gib zum Schluss das Rosenöl hinzu. Trag diese Mischung auf das Gesicht auf und lass sie 30 Minuten einwirken. Dann die Maske mit warmem Wasser oder lauwarmer Milch sanft abwaschen, dem oder der du nach Wunsch zuvor einen Tropfen ätherisches Lavendelöl beigegeben hast.

### Weizenkleie-Honig-Packung (bei unreiner Haut)

2 Esslöffel Weizenkleie
2 Esslöffel destilliertes Wasser
1 Esslöffel dünnflüssiger Honig

Weizenkleie, Wasser und Honig werden miteinander zu einem Brei verrührt. Ist der Honig nicht dünnflüssig genug, kannst du ihn vorher langsam im Wasserbad erwärmen. Die Temperatur des Honigs sollte dabei aber auf keinen Fall 35 °C übersteigen, damit die darin enthaltenen heilenden Qualitäten nicht gemindert werden.

Diesen Brei auf das Gesicht auftragen und so lange wie möglich einwirken lassen. Danach das Gesicht mit lauwarmem Wasser abwaschen. Wenn du etwas Übung darin hast und dich traust, kannst du die Gelegenheit nutzen, um Mitesser vorsichtig auszudrücken. Dabei solltest du nur mit peinlich gesäuberten Händen vorgehen, damit die Haut nicht verletzt wird und sich womöglich entzündet.

### WEIZENPACKUNG (FÜR JEDE HAUT)

1 Esslöffel Weizenvollkornmehl (möglichst frisch geschrotet)
35 ml frische Milch
1 Teelöffel Blütenhonig
1 Teelöffel Weizenkeimöl

Gib das Weizenvollkornmehl in eine Holzschale, rühr die Milch unter, dann den Blütenhonig und das Weizenkeimöl. Trage die Packung auf Gesicht und Hals auf und deck sie dann mit einer warmen Kompresse ab, die durch zusätzliche Auflagen frisch angewärmter Tücher auf konstanter Temperatur gehalten wird. Die Wärmeeinwirkung ist dabei sehr wichtig, da sie die Poren öffnet, damit die Haut für diese gehaltvolle Packung aufnahmebereit ist. 20 bis 30 Minuten einwirken lassen, dann mit lauwarmem Wasser abwaschen.

Diese Packung eignet sich für jede Haut. Besondere Vorzüge hat sie neben dem Vitaminreichtum für die trockene und faltige Haut, die gut genährt, geglättet und durchfeuchtet wird.

Die beiden folgenden Packungen sind etwas aufwendiger herzustellen, dafür aber vielseitiger anwendbar. Den frischen Zutaten wird eine Pflanzenöl-Creme beigegeben, die man zuvor in größerer Menge für mehrere Packungen hergestellt hat. Diese Pflanzenöl-Cremes lassen sich auch als Hautschutzcreme verwenden, denn sie ziehen, dünn aufgetragen, gut und schnell in die Haut ein.

## OLIVENÖL-CREME

30 ml Olivenöl
30 ml destilliertes Wasser
2 g Bienenwachs
10 g Lanolin
2 Tropfen ätherisches Jasminöl

Bienenwachs und Lanolin im heißen Wasserbad verflüssigen, das Olivenöl hinzufügen und drei Minuten unter Rühren erwärmen. Dann aus dem Wasserbad nehmen, das destillierte Wasser in einem separaten Töpfchen ins Wasserbad stellen und in der gleichen Zeit auf annähernd dieselbe Temperatur erhitzen. Schließlich das Oliven-Ölgemisch wieder in das bereits etwas abgekühlte Wasserbad zurückstellen und unter ständigem Rühren mit einem kleinen Schneebesen nach und nach das destillierte Wasser hinzufügen. Den Rührtopf aus dem Wasserbad nehmen und so lange weiterrühren, bis die Creme nahezu erkaltet ist. Dann das Jasminöl hinzugeben und bis zum vollständigen Erkalten weiterrühren.

Diese fette, leicht verstreichbare Creme eignet sich als Bindemittel für eine Frischcreme-Packung. Ebenso gut kannst du sie ohne frische Beigaben als Nährcreme auftragen. Sie eignet sich besonders für die trockene und empfindliche Haut, vor allem dann, wenn sie auch zu Rötungen neigt.

## HONIGCREME-PACKUNG (BEI TROCKENER HAUT)

1 gestrichener Esslöffel Olivenöl-Creme (s. voriges Rezept)
1 gestrichener Teelöffel Honig
1 Teelöffel frischer Süßrahm

Gib die Olivenöl-Creme aus dem obigen Rezept in eine Glas- oder Porzellanschale und rühr Honig und Rahm hinein, bis eine glatte Masse entstanden ist.

Reinige zuvor das Gesicht mit einer warmen Kompresse oder einer reinigenden Gesichtslotion und verstreich dann die Creme-Packung auf Gesicht, Hals und Brust. Nach beliebiger Einwirkungszeit – jedoch mindestens 30 Minuten – wäschst du die verbliebenen Reste mit lauwarmem Milchwasser (1 Teil Milch, 8 Teile Wasser) ab. Diese Packung nährt und glättet die Haut.

## Weizenkeimöl-Creme

30 ml Weizenkeimöl
30 ml Hamameliswasser (Hydrolat)
2 g Bienenwachs
10 g Lanolin
5 Körner Kampferharz

Bienenwachs, Lanolin und die Kampferkörner im heißen Wasserbad verflüssigen, das Weizenkeimöl hinzufügen und drei Minuten unter Rühren erwärmen. Dann aus dem Wasserbad nehmen, das Hamamelishydrolat in einem separaten Töpfchen ins Wasserbad stellen und in der gleichen Zeit auf annähernd dieselbe Temperatur erhitzen. Schließlich das Weizenkeimöl-Gemisch wieder in das bereits etwas abgekühlte Wasserbad zurückstellen und unter ständigem Rühren mit einem kleinen Schneebesen nach und nach das Hamamelishydrolat hinzufügen. Den Rührtopf aus dem Wasserbad nehmen und so lange weiterrühren, bis die Creme vollständig erkaltet ist.

Diese fette, leicht verstreichbare Creme eignet sich ebenso als Nährcreme wie als „Bindemittel" für eine Frischcreme-Packung.

Das Weizenkeimöl ist ein sehr reichhaltiges, durch seinen hohen Gehalt an Vitaminen überaus regeneratives Öl. Besonders durch den großen Anteil des darin enthaltenen Vitamin E regt es den Hautstoffwechsel an und sorgt für Abhilfe bei stoffwechselbedingter Verschlackung der Poren. Es hilft auch bei allergischen Ekzemen, Akne, Hautunreinheiten und Entzündungen, und der Fettstoffwechsel wird reguliert. Kampfer wirkt ferner durchblutungsfördernd und entzündungshemmend.

**HINWEIS:** Für Kinder unter 3 Jahren ist Kampfer nicht geeignet!

---

### JOGHURTCREME-PACKUNG (BEI FETTIGER HAUT)

---

1 gestrichener Esslöffel Weizenkeimöl-Creme (s. voriges Rezept)
1 Teelöffel Joghurt
1 Teelöffel frischer Süßrahm

Gib die Weizenkeim-Nährcreme in eine Glas- oder Porzellanschale und rühr den Joghurt und den Rahm hinein, bis eine glatte Creme entstanden ist.

Zuvor reinigst du dein Gesicht mit einem Gesichtsdampfbad, einer warmen Kompresse oder einer reinigenden Gesichtslotion. Dann streiche auf Gesicht, Hals und Brust die Creme-Packung auf. Nach beliebiger Einwirkungszeit – jedoch mindestens 30 Minuten – wasch die verbliebenen Reste mit lauwarmem Wasser wieder ab.

Ein frischer naturreiner Joghurt erfrischt die Haut und schafft ein saures, hautfreundliches Milieu; der Rahm nährt und glättet die Haut.

# Die Wirkungen von ätherischen Ölen auf die Haut

Man könnte vielleicht meinen, dass ätherische Öle wegen ihres vergleichsweise geringen Vorkommens in Kräutern und Früchten und als sehr flüchtige Substanzen auch nur eine geringe Wirkung haben könnten, doch dem ist ganz und gar nicht so. Wenn wir uns klarmachen, dass der englische Begriff für sie *essential oils* (und auf Französisch ganz ähnlich *huiles essentielles*) ist, so geht daraus sehr anschaulich hervor, dass sie in vielen Fällen die Essenz der betreffenden Pflanze sind und daher auch deren Kern, ihr inneres Wesen in sich tragen. Entsprechend stark können ihre Wirkungen (nicht nur die duftenden) sein – aber auch ihre oft nicht erwünschten „Nebenwirkungen", die zur Vorsicht im Umgang damit und bei ihrer Dosierung raten. Beides wird in der folgenden Übersicht dargestellt.

| | |
|---|---|
| Anis | Verwendung bei der Zahnpflege |
| Basilikum | löst Verstopfungen der Haut; wirkt erfrischend und glättet die Haut; wirkt lindernd bei Insektenstichen |
| Benzoe | bei spröder und trockener Haut |
| Bergamotte | Wirkt antiseptisch und keimtötend, besonders bei Akne und Seborrhoe; desinfiziert und desodoriert. VORSICHT: kann je nach Dosierung auch eine photosensibilisierende/phototoxische Reaktion auf der Haut auslösen |
| Bergbohnenkraut | entzündungshemmend und keimtötend |
| Cajeput | wirkt lindernd bei Hautentzündungen |
| Eisenkraut* | wirkt krampflösend sowie ausgleichend auf das weibliche Hormonsystem |
| Estragon | durchblutungsfördernd |
| Eukalyptus | Wirkt stark antiseptisch und keimtötend; geeignet für Inhalationen und als Insektenschutz. VORSICHT: Nicht bei Kindern unter 3 Jahren anwenden! |

| | |
|---|---|
| Fenchel | zur Mundpflege geeignet |
| Fichte | Wirkt stark antiseptisch. Vorsicht mit der Dosierung, wirkt leicht hautreizend |
| Gewürznelke | Bei der Mundpflege desinfizierend. Vorsicht bei der Dosierung: kann leicht hautreizend wirken! |
| Jasmin | bei trockener und empfindlicher Haut, die zu Rötungen neigt |
| Kamille | wirkt antiseptisch (besonders der Inhaltsstoff Azulen); bei übersensibler Haut, auch bei Akne; ein Antiallergikum |
| Kampfer* | Bei fettiger Haut und Akne. **VORSICHT**: Nicht bei Kindern unter 3 Jahren anwenden! |
| Kardamom | bei schlechtem Atem; desodorierend |
| Koriander | zur Mundpflege; desodorierend |
| Lavendel | bei allen Hauttypen; lindert Hauterkrankungen; wirkt beruhigend; fördert die Zellerneuerung |
| Majoran | beruhigend und erwärmend; krampflösend; besonders bei Verwendung in Körpermassageölen |
| Melisse | blutdrucksenkend, entkrampfend, kühlend bei starker Erhitzung |
| Muskatellersalbei* | im Bad erwärmend und entspannend; bei normaler, ödematöser und entzündeter Haut; wirkt ausgleichend und entkrampfend auf das weibliche Hormonsystem |
| Muskatnuss | Antiseptisch, erwärmend und anregend. Vorsicht mit der Dosierung wegen der narkotisierenden Wirkung |
| Myrrhe | unterstützt die Zellerneuerung; bei schlaffer Haut; kühlend; wirksam gegen Mundgeruch |
| Neroli | süßlich-femininer Duft; für jeden Hauttyp geeignet; nicht hautreizend; wirkt bei Rötung, Entzündung und trockener Haut; unterstützt die Zellerneuerung |
| Oregano | antiseptisch; soll nach manchen Quellen bei Cellulitis wirksam sein |
| Patchouli | fördert die Bildung von Narbengewebe; bei ödematöser Haut und schlaffer Altershaut |
| Pfeffer, schwarzer | anregend und energetisierend |
| Pfefferminze | Krampflösend, entspannend und schmerzstillend; antiseptisch; entzündungshemmend und schleimlösend; bei fettiger, entzündlicher Haut und bei Juckreiz; erfrischend und kühlend; wirkt leicht aphrodisisch. **VORSICHT**: Nicht bei Kindern unter 3 Jahren anwenden! |
| Rose | strafft die Haut; adstringierend; antiseptisch; darf nur noch in 10%-iger Verdünnung und in kleiner Dosis verwendet werden |
| Rosengeranie | entzündungshemmend, adstringierend und reinigend; eignet sich für alle Hauttypen; besonders bei verstopften Poren des fettigen Hauttyps |

| | |
|---|---|
| Rosmarin* | anregend und wärmend; antiseptisch; adstringierend; bei Haarausfall und Schuppen |
| Salbei* | antiseptisch; durchblutungsfördernd; bei übermäßiger Schweißabsonderung; wirkt leicht aphrodisisch sowie harmonisierend und entkrampfend auf das weibliche Hormonsystem |
| Sandelholz | wirkt anregend und beruhigend; bei Akne und chronisch entzündlicher trockener, aber auch bei fettiger Haut |
| Sassafras | durchblutungsfördernd; rötet die Haut leicht; lindernd bei Hautleiden; Wurzel wird in Zahnpasta verwendet. Die Pflanze gilt als psychoaktiv. |
| Thymian | antiseptisch und entzündungshemmend; schmerzstillend; krampf- und schleimlösend; besonders für die fettige Haut geeignet |
| Wacholder | bei Hauterkrankungen; adstringierend, antiseptisch und entwässernd; bei ödematöser, fettiger Haut und Akne; wirkt reinigend und straffend; zur Pflege von Zähnen und Zahnfleisch |
| Weihrauch | adstringierend; erhält einen frischen, faltenlosen Teint; wirkt auf die Zellerneuerung |
| Ylang-Ylang | wirkt antiseptisch und beruhigend vor allem auf die fettige Haut; aphrodisierend und entspannend |
| Ysop | anregend; antiseptisch; bei Hauterkrankungen (besonders Ekzeme) |
| Zedernholz* | bei Hautausschlägen aller Art; wirkt beruhigend und glättend; antiseptisch; bei Juckreiz, Akne, fettiger Haut, fettigem Haar und Schuppen |
| Zimt | antiseptisch und adstringierend |
| Zitrone | antiseptisch; erfrischend; alkalisierend vor allem bei fettiger Haut; lindert Juckreiz; fördert die Zellerneuerung |
| Zypresse* (*Cupressus sempervirens*) | wirkt adstringierend und glättend; schweißhemmend; bei fettiger Haut; wirkt harmonisierend auf das weibliche Hormonsystem |

* **ACHTUNG:** Diese Öle wirken in hohen Dosen abortiv, deshalb dürfen sie während der Schwangerschaft nicht verwendet werden.

HAUT
UND
SONNE

# Sonnenbalsam für die Haut

So wie die Pflanze Licht und Sonne braucht, um zu gedeihen, so ähnlich geht es auch dem Menschen – ohne Licht keine Zukunft! Je nachdem kann jedoch ein Zuviel oder Zuwenig schwerwiegende Folgen haben: Die Pflanze welkt und verbrennt, oder sie verblasst und geht ein – je nach individueller Veranlagung und Beschaffenheit der Haut verhält es sich beim Menschen recht ähnlich.

Beim Sonnenbad und dem Genuss des prallen Sonnenlichts kommt es sehr auf die Ausstattung an, die man mitbringt, und wie viel Sonne man verträgt. Es gibt Menschen, bei denen sich schon bei einem kleinen bisschen Zuviel an Sonne die sich schnell rötende Gesichtshaut in Falten legt; andere blühen dabei erst richtig auf. Man muss sich also auch beim Sonnenbad von der inneren Weisheit des Körpers leiten lassen, damit man den optimalen Nutzen aus den heilenden Kräften des Lichts ziehen kann.

Licht und Sonne, das ist die Schönheit eines farbigen Regenbogens. Licht – Farbe – ist auch Heilung, Freude, Hoffnung. Es bringt gute Laune und erwärmt das Gemüt. Die Sonne macht also nicht an unserer Hautoberfläche halt, sie geht vielmehr tief bis ins Herz hinein, wovon auch alte Sprichwörter viel zu erzählen wissen. Auch unsere Seele braucht die Sonne! Wir müssen nur in der Art und Weise, wie wir sie auftanken, mit Bedacht vorgehen. Darin hat ein Sonnenbad mit einem Wannenbad vieles gemeinsam: Von der Sonne nehmen wir die heilende Kraft direkt auf, im Wannenbad nehmen wir die bereits assimilierte und umgewandelte Kraft der Sonne durch die dann heilenden und pflegenden Kräfte von Pflanzen auf.

Grundsätzlich ist Sonnengenuss der Haut und der Gesundheit in Maßen durchaus zuträglich. Krankhafte Erscheinungen der Haut nehmen jedoch zu, dazu gehören auch Allergien. Mögliche Ursachen dafür sind Umweltbelastungen und chemische Stoffe, aber auch zu ausgiebige Sonnenbäder sind hier zu nennen. Offenbar gilt eine gebräunte Haut immer noch als Beweis für Schönheit und Erfolg, und das nicht nur in der Werbung und der Mode. Die Bräune, die wir so gerne zur Schau tragen, ist eigentlich nichts anderes als ein sichtbares Zeichen dafür, dass sich die Haut gegenüber Sonneneinstrahlung notfalls zu schützen weiß. Bei starker Einstrahlung mit UV-Licht bilden sich im Hautgewebe Pigmente (Melanin), die sich wie braune Schutzschilde über die Hautzellen legen. Wenn dieser Schutz fehlt, bedeutet Sonneneinstrahlung fast immer Sonnenbrand, wenn nicht ein Sonnenschutzmittel mit hohem Lichtschutzfaktor vorbeugend aufgetragen wird.

Wenn die Haut jedoch nicht langsam an die Sonneneinstrahlung gewöhnt und ihr natürliches Schutzsystem durch zu langes und zu intensives Sonnenbaden überfordert wird, kommt es zum Sonnenbrand, nicht selten sogar mit Blasenbildung. Wenn wir dann die Sonne erst einmal meiden, erholt sich die Haut zwar oberflächlich, und tote Hautzellen fallen wie Schuppen ab. Die Haut büßt jedoch an Regenerationsfähigkeit ein. Dies begünstigt die Faltenbildung und führt auch zu vorzeitiger Hautalterung, schlimmstenfalls aber zu einer Entartung der Hautzellen und damit zu Hautkrebs; besonders gefürchtet ist der schwarze Hautkrebs: das maligne Melanom.

Fazit: Wir brauchen zwar Licht und Sonne, aber gleichzeitig macht sie uns auch zu schaffen – und zwar mehr als früher! Das Risiko, an einem Melanom zu erkranken, nimmt mit dem Alter zu, doch heutzutage erkranken auch immer mehr junge Menschen daran. Zu den Risiken für die Entstehung von Hautkrebs gehören in erster Linie natürliches wie künstliches UV-Licht (also Sonne und Solarien). Auch eine besonders helle Haut und häufige Sonnenbrände in Kindheit und Jugend gehören zu den möglichen Vorbelastungen. Ein Zusammenhang zwischen einer rapiden Steigerung der Erkrankungen an Hautkrebs wird auch als Auswirkung des Klimawandels vermutet, man denke nur an die prognostizierten Folgen der Erderwärmung.

Vor den hier angesprochenen Zusammenhängen stellt sich die Frage, ob Sonnenbräune auch heute noch wirklich als Schönheitsideal gilt. Existiert so etwas wie „gesunde Bräune" überhaupt? Oder könnte vielleicht die größtmögliche Natürlichkeit der Haut an ihre Stelle treten? Bei den Mitteln, welche die Natur uns hierfür zur Verfügung stellt, lassen sich verschiedene Herangehensweisen unterscheiden:

- Man kann die Regenerationsfähigkeit der Haut verbessern und sie vor dem Austrocknen bewahren. Dabei kann man von innen wie von außen vorgehen.
- Die Lichtempfindlichkeit der Haut wird herabgesetzt, und man bräunt deshalb langsamer. Das ist auch der Fall bei konventionellen Sonnencremes, doch weiß man nicht immer, durch welche chemischen Stoffe das womöglich erreicht wird.
- Die dritte Option, die Lichtempfindlichkeit der Haut bewusst zu erhöhen und dadurch schneller zu bräunen, dürfte wohl kaum den Beifall von Ärzten oder Heilpraktikern finden. Vermutlich lässt sich das auch nicht so genau steuern, und man könnte damit das Risiko eingehen, die Haut zu stark der bedenklichen UV-Strahlung auszusetzen und einen ernsthaften Schaden davonzutragen. Im Rahmen dieses Buches über Kräuterkosmetik und natürliche Hautpflegemittel scheint dieser Ansatz zumindest etwas ambivalent zu sein. Andererseits lässt sich aber auch leicht nachvollziehen, dass sich jemand mit sehr heller Haut und geringer Pigmentierung nach einer weniger blassen Hautfarbe, die ihn kränklich erscheinen lässt, und einem dunkleren Teint sehnen kann. Seien wir also ein wenig nachsichtig und wägen wir auch die feinen Unterschiede zwischen *photosensibilisierenden* und *phototoxischen* Eigenschaften und Wirkungen einiger Pflanzen ab. Denken wir

auch hier und vor allem bei der Dosierung an den berühmten Leitsatz von Paracelsus: „Allein die Dosis macht das Gift."

Die beiden folgenden Rezepte sind auf der Grundlage frischer Zutaten, Rahm und Milch, hergestellt und haben deshalb nur eine befristete Haltbarkeitsdauer. Sie eignen sich aber ganz besonders gut für die fettige Problemhaut, obwohl es auch speziell für diese leichte Pflegeöle als Sonnenschutz gibt, beispielsweise Traubenkernöl oder ein lavendelhaltiges Öl. Die Mühe dabei, die Sonnenschutzcreme und die Sonnenmilch öfter frisch herzustellen, lohnt sich, zumal beide Rezepte sehr einfach nachzumachen sind.

Auch das darauf folgende Bräunungswasser (Seite 130) ist wegen der Beigabe von Karottensaft nur wenige Tage haltbar. Die weiteren Rezepte sind dann jedoch für den längerfristigen Verbrauch gedacht. Aber auch hier gilt die gleiche Regel wie grundsätzlich für alle Naturkosmetikprodukte: Sie werden zu Hause für einen überschaubaren Bedarf und nur für den Eigengebrauch hergestellt, müssen deshalb nicht den langen Weg über Großhandelslager und Verkaufsräume zurücklegen. Deshalb kann man getrost auf alle Konservierungsstoffe verzichten; zumal immer dann, wenn ätherische Öle als Zutat dabei sind, schon eine gewisse natürliche Konservierung gegeben ist, die in der Stärke vom jeweiligen Öl abhängt.

## SONNENSCHUTZCREME

50 ml frischer Süßrahm
1 Esslöffel Blutwurz-Wurzel (Tormentill)
1 Teelöffel Walnussschalen
5 Tropfen ätherisches Zitronenöl

Zerstoße die Kräuter in einem Mörser zu feinem Pulver, das du dann durch ein Haarsieb gibst. Davon nimmst du einen knappen Teelöffel, rührst ihn unter den Rahm und gibst schließlich das Zitronenöl hinzu.

Diese Creme muss schnell aufgebraucht werden. Das Zitronenöl vermag ihr jedoch ein klein wenig mehr Haltbarkeit zu geben, als man das gewöhnlich bei sahnigem Rahm vermuten würde, sodass sie 2 bis 4 Tage haltbar bleiben dürfte. Du kannst jedoch auch die pulverisierten Pflanzenteile vorbereiten und jeweils täglich frisch mit einer kleinen Menge Rahm vermischen.

Diese Creme bietet einen leichten Sonnenschutz. Man verwendet sie, wenn die Haut bereits ein wenig gebräunt ist und die Sonne schon besser verträgt. Besonders bei Überhitzung wirkt das darin enthaltene Zitronenöl auf der Haut sehr erfrischend. Achte aber darauf, ob die Haut dadurch nicht zusätzlich gerötet wird.

---

### SONNENMILCH

---

100 ml Kuhmilch
1 Esslöffel Johanniskrautblüten und -blätter
½ Teelöffel Blutwurz-Wurzel (Tormentill)
1 Teelöffel Lavendelblüten
3 Tropfen ätherisches Lavendelöl

**HINWEISE:**
Die Lichtpflanze **Johanniskraut** galt durch ihren Inhaltsstoff *Hypericin*, durch den sich das Öl in der Sonne rot färbt, früher als phototoxisch. Durch eine Lichtüberempfindlichkeit ausgelöste allergische Reaktionen wurden zuerst bei hellhäutigen Weidetieren beobachtet, die zu viel Johanniskraut gefressen hatten. Der schlechte Ruf von Johanniskraut, auch in Verbindung mit Wechselwirkungen zu Medikamenten, hielt sich lange sehr hartnäckig. Es konnte jedoch nachgewiesen werden, dass sich die für eine Lichtüberempfindlichkeit typischen Symptome in erster Linie bei der innerlichen Einnahme von hochdosierten Johanniskraut-Fertigpräparaten zeigen.

Der frisch ausgegrabene **Tormentill**-Wurzelstock läuft an Bruch- und Schnittstellen blutrot an, was der Pflanze den Namen „Blutwurz" gegeben hat. Die aus der Signaturenlehre abgeleitete blutstillende Wirkung sowie die photosensibilisierende Eigenschaft des im Rhizom enthaltenen Saftes sind ebenfalls darauf zurückzuführen.

Die Kräuter werden in einem Mörser zu feinem Pulver zerstoßen. Ein Teelöffel davon wird mit der frischen Milch verquirlt. Zum Schluss tropft man das Lavendelöl hinzu und verschüttelt alles gut miteinander.

Das Johanniskraut hat außer dem Lichtstoff Hypericin noch leicht konservierende Wirkungen zu bieten, während die Blutwurz-Wurzel der leichten Pigmentierung der Haut dient. Über das Lavendelblüten-Öl-Gemisch mit seinen wohltuenden Eigenschaften ist bereits viel in vorhergehenden Rezepten geschrieben worden.

## BRÄUNUNGSWASSER

30 ml Karottensaft
30 ml Hamameliswasser (Hydrolat)
3 Tropfen ätherisches Bergamotteöl

Der Karottensaft muss frisch gepresst und durch ein ganz feines Leinentuch gefiltert werden, damit alle gröberen Teile zurückbleiben. Der gefilterte Saft wird dann mit dem Hamameliswasser in einer Glasflasche vermischt. Zum Schluss kommt das Bergamotteöl hinzu und wird gut verschüttelt.

Dieses Wasser ist eine kreative Dreierkombination, um eine gesunde und natürliche Bräune zu erhalten. Das im Karottensaft vorhandene Beta-Carotin, eine Vorstufe von Vitamin A, sowie das reichlich vorhandene Vitamin E schützen die Haut vor unerwünschten Begleiterscheinungen der Sonneneinstrahlung, wozu auch Pigmentflecken gezählt werden. Die entzündungshemmenden Eigenschaften des Hamameliswassers wirken bei Sonneneinstrahlung unterstützend, damit das UV-Licht der Haut nichts anhaben kann. Das Bergamotteöl wirkt neben seinen antiseptischen und heilenden Eigenschaften auch photosensibilisierend. Damit es nicht phototoxisch wirkt, muss es sehr vorsichtig dosiert werden.

Damit schließt sich der Kreis zum Karottensaft mit seinen hautschützenden und ebenfalls eine natürliche Bräunung fördernden Eigenschaften. Man denkt an die zarte Haut von Babys, die durch Karottenbrei eine gesunde Tönung hat.

Die Haltbarkeit ist natürlich auch hierbei wieder sehr begrenzt. Deshalb mischt man am besten nur die Menge für höchstens eine Woche an und bewahrt den Rest jeweils im Kühlschrank auf.

## ZITRONEN-SONNENCREME

100 ml Sonnenblumenöl in Bioqualität
10 ml Weizenkeimöl
6 g Bienenwachs
40 ml frisch gepresster Zitronensaft
4 Tropfen ätherisches Bergamotteöl

Das Bienenwachs wird in den beiden Pflanzenölen im heißen Wasserbad aufgelöst. Der frisch gepresste Zitronensaft wird inzwischen durch ein feinmaschiges Leinentuch abgeseiht. Nimm jetzt das Öl aus dem Wasserbad, erhitze darin den Zitronensaft, stell das Öl wieder in das Wasserbad und gib unter ständigem Rühren mit einem kleinen Schneebesen nach und nach den Zitronensaft hinzu. Dabei wird aus dem bisher klaren Öl-Wachs-Gemisch eine milchige, dünnflüssige Creme, die du so lange weiterrührst, bis sie nahezu erkaltet und dickflüssig geworden ist. Das Bergamotteöl wird erst ganz zum Schluss eingerührt.

Diese Sonnencreme ist von hellgelber Farbe, hat einen angenehm frischen Duft und lässt sich sehr sparsam auf der Haut verteilen. Sie hinterlässt einen schimmernden Glanz, ist stark wasserabweisend, haftet gut auf der Haut und muss deshalb nicht oft erneuert werden. Haltbar ist sie drei bis vier Monate und sollte, wenn sie nicht in Gebrauch ist, kühl aufbewahrt werden.

Auch die Kombination aus Sonnenblumen- und Weizenkeimöl trägt, ebenso wie die anderen Zutaten, dazu bei, eine gleichmäßige natürliche Bräunung zu erzielen.

---

### LIPPENSCHUTZ FÜR DAS SONNENBAD

---

20 ml Olivenöl
5 g Bienenwachs
20 ml Rosenwasser (Hydrolat)
2 Tropfen ätherisches Rosmarinöl

Das Bienenwachs wird im Olivenöl im heißen Wasserbad aufgelöst. Unter ständigem Rühren mit einem kleinen Schneebesen wird nach und nach das Rosenwasser untergerührt. Jetzt tauschst du das warme gegen ein kaltes Wasserbad aus und rührst so lange weiter, bis die Creme nahezu erkaltet ist. Dann tropfst du das Rosmarinöl hinein und rührst bis zum vollständigen Erkalten weiter.

Du erhältst eine dicke Creme von interessanter grün-gelber Farbe mit einem kaum merklichen Eigengeruch. Die Ausbeute ist relativ groß, doch kleinere Mengen lassen sich mit üblichen Küchengeräten nur sehr schwer herstellen.

Diese gehaltvolle, herrlich pflegende Creme, die sehr ergiebig ist, verhindert, dass die Lippen spröde werden und aufspringen. Sie bekommen einen schönen Glanz. Der

Rosmarin sorgt für gute Durchblutung und damit für eine rote Farbe.

### BRÄUNUNGS-SONNENÖL

20 ml Weizenkeimöl
80 ml Haselnussöl
5 Tropfen ätherisches Bergamotteöl
5 Tropfen ätherisches Lavendelöl
2 Tropfen ätherisches Zypressenöl

Weizenkeimöl und Haselnussöl werden miteinander vermischt, zum Schluss die ätherischen Öle hinzugetropft und gut verschüttelt.

Ein sehr wichtiger Bestandteil dieses Öls ist das Weizenkeimöl mit seinen so hautfreundlichen Eigenschaften, die unter anderem auf den hohen Anteil an Vitamin E zurückzuführen sind. Es wirkt sich zum Beispiel dann sehr positiv aus, wenn eine Neigung zur Sonnenallergie besteht. In solch einem Fall kann man Weizenkeimöl und Haselnussöl im Verhältnis 8:2 mischen. Es hilft auch, eine gleichmäßige Bräunung zu erzielen, und schwächt das Auftreten von Sonnenflecken ab: Pigmentflecken aufgrund von Sonneneinstrahlung, die auch als „Altersflecken" bezeichnet werden. Die ätherischen Öle, die in diesem Sonnenöl Verwendung finden, ergänzen sich durch ihre abwechslungsreichen Duftakzente sowie durch ihre unterschiedliche Wirkungsweise.

Alle diese herrlichen Eigenschaften dieses Bräunungsöls sollen jedoch nicht dazu verleiten, es mit der Sonneneinstrahlung zu übertreiben. Man kann der Haut wirklich einen sehr guten Schutz geben, doch im Übermaß genossen, wird die Sonne am Ende die Stärkere sein.

Zahn-
pflege

# Traditionelle Zahnpflege

Auch Mund und Zähne können in die natürliche Schönheitspflege mit einbezogen werden. Zahnpflege gab es schon vor Jahrtausenden bei den Ägyptern und Babyloniern, auch Reinigungspasten und -pulver waren ebenso wie Vorläufer unserer Zahnbürste bekannt. In Bezug auf einfache Techniken und natürliche Substanzen lässt sich hier so manche Anregung finden. So ist bei vielen afrikanischen Stämmen eine der einfachsten Methoden zu beobachten: Sie haben ein Stängelchen faseriges Holz im Mund, das sie auf einer Seite zerbeißen und ständig von einem Mundwinkel zum anderen schieben, um so der ständigen Bewegung die Zahnreinigung zu überlassen. Unsere heutige Zahnbürste ist wahrscheinlich eine Abwandlung dieser Methode.

Diskussionen um die richtige Form der Zahnbürste haben einen Gelehrtenstreit ausgelöst, den deren Vertreter wohl am besten untereinander und mit der Zahnbürstenindustrie ausmachen sollten. Für den normalen Verbraucher ist sie nicht halb so interessant. Weniger wichtig als die Frage, womit man sich die Zähne putzt, ist, *dass* man sie putzt. Wichtig könnte auch sein, wie hygienisch man seine Zahnbürste aufbewahrt, um Bakterien, die unserer Mundflora nicht unbedingt wohlgesonnen sind, keinen dauerhaften Aufenthaltsort zu bieten.

Küstenbewohner haben schon immer zum Salz oder Salzwasser gegriffen, die Zähne damit abgerieben oder den Mund ausgespült. Deshalb ist Salz auch heute noch zum regelmäßigen Gebrauch zu empfehlen, denn es festigt das Zahnfleisch. Auch Essig zur Zahnreinigung hat die Zeiten überdauert, weil er desinfizierend wirkt.

## Mundwasser

Mundwässer eignen sich besonders zur Pflege und Reinigung der Mundhöhle zwischendurch und nach den Mahlzeiten. Gibt man ihnen die entsprechenden Tinkturen oder ätherischen Öle bei, wirken sie adstringierend (zusammenziehend) und können Zahnfleischbluten vorbeugen. Außerdem wirken sie desodorierend und hemmen das Wachstum von Bakterien. Man kann Mundwasser täglich anwenden oder auch zu Zeiten von Krankheit, da die meisten Erkrankungen oft auch einen veränderten, meist unangenehmen Mundgeruch als Begleiterscheinung haben, den man selbst in der Regel weniger stark wahrnimmt als andere. Kräuteressenzen, Tinkturen und ätherische Öle, die sich hierfür besonders eignen, sind Zypresse, Eukalyptus, Pfefferminze, Wacholder, Speik-Lavendel, Kampfer und nicht zuletzt Teebaumöl.

### LAVENDEL-MUNDWASSER

1 Handvoll Lavendelblüten (*Lavandula officinalis*)
50 ml 70%-iger Alkohol (Weingeist)
70 ml destilliertes Wasser
20 Tropfen ätherisches Lavendelöl

Gib die Lavendelblüten mit dem Alkohol in eine Glasflasche und lass sie dicht verschlossen 3 Wochen lang an einem mäßig warmen Ort stehen. Der Lavendelalkohol wird dann durch ein feines Leinentuch in ein anderes Gefäß abgeseiht und die Blüten dabei gut ausgedrückt. Dann mit dem destillierten Wasser auffüllen. Gib zuletzt das ätherische Öl hinzu, verschließ das Gefäß und schüttle gut durch. Nimm von diesem Mundwasser auf 1 Glas Wasser 1 bis 2 Teelöffel.

Der Lavendel hat eine angenehm erfrischende und desodorierende Wirkung und wirkt hemmend auf das Bakterienwachstum, ohne der natürlichen Mundflora zu schaden.

## ZYPRESSEN-MUNDWASSER

50 ml 70 %-iger Alkohol (Weingeist)
50 ml destilliertes Wasser
10 Tropfen ätherisches Zypressenöl (*Cupressus sempervirens*)
5 Tropfen ätherisches Bergamotteöl

Den Alkohol und das destillierte Wasser in eine dunkle Glasflasche füllen, zuletzt die ätherischen Öle hinzugeben und gut durchschütteln. Nimm davon auf 1 Glas Wasser 1 bis 2 Teelöffel.

Dieses Mundwasser hat einen eher herb-süßen Duft, ist ein ausgezeichnetes Desinfektionsmittel gegen Mundbakterien und hilft gegen schlechten Atem, was besonders dem Bergamotteöl zu verdanken ist. Beide ätherischen Öle wirken stark antiseptisch und desinfizierend.

## MYRRHEN-MUNDWASSER

50 ml destilliertes Wasser
50 ml 70 %-iges Ethanol
25 Tropfen Myrrhentinktur (Für Kinder erst ab 12 Jahren!)
5 Tropfen ätherisches Pfefferminzöl (Nicht für Kinder unter 3 Jahren anwenden!)

Füll die Myrrhentinktur und das destillierte Wasser in eine dunkle Glasflasche. Gib am Schluss das ätherische Minzöl dazu, verschließ die Flasche fest und schüttle alles gut durch.

Nimm davon mehrmals täglich 1 Teelöffel auf 1 Glas Wasser, wenn das Zahnfleisch und die Mundschleimhaut entzündet sind. Es ist auch wirksam gegen Mundgeruch. Ganz allgemein wirkt es lindernd bei allen entzündlichen Prozessen im Mund- und Rachenbereich.

Nun folgt ein ausgefallenes Rezept für ein Mundwasser der besonderen Art aus unserer Oldtimer-Sammlung. Die Mengenangaben sind großzügig bemessen, und der Herstellungsprozess könnte aus einem alchemistischen Versuchslabor stammen. Dies soll keine praktische Rezeptanleitung zur Nachahmung sein, sondern vielmehr der Anschauung dienen, wie in früheren Jahrhunderten bei der Herstellung von Kräuterkosmetik verfahren wurde.

## ALTES REZEPT FÜR EIN VIELSEITIGES MUNDWASSER

Etwas Alaun[8] wird zusammen mit 175 Gramm zerkleinerter Schlehdornrinde und 1 Handvoll Blütenblätter von roten Rosen in einer Mischung aus 1 Liter Wasser und 1 Liter Rotwein so lange aufgekocht, bis sich die Flüssigkeitsmenge um ein Drittel vermindert hat. Dann fügt man 2 Handvoll Löffelkraut (*Cochlearia officinalis* = „Skorbutgras"), die Schale von 2 Bitterorangen (Pomeranzen) und so viel pulverisierte Myrrhe hinzu, wie sie auf zwei kleinen Geldstücken Platz hat, verrührt alles gut miteinander, lässt es nochmals aufkochen und gießt die Flüssigkeit dann durch ein Tuch oder feines Sieb ab.

Ein- oder zweimal täglich sollte man einen Mundvoll dieses Wassers so lange im Munde halten, wie man dies schafft. Es ist gut gegen Skorbut, lässt das Zahnfleisch bis an die Zähne heranwachsen und festigt es, wenn es locker und schlaff geworden sein sollte.

8 vgl. die Anmerkung bei Hamamelis-Rasierwasser (Seite 112)

## Selbst gemachte Zahnpasta aus der Tube

**HINWEIS:** Die Zahnmedizin dürfte dieser Rezeptur wegen der abrasiven Wirkung der Schlämmkreide (= abschmirgelnde Wirkung auf den Zahnschmelz) kritisch gegenüberstehen. Doch die in Handelsware dafür eingesetzten Materialien (wie zum Beispiel Mikroplastik und Fluorid) sind auch nicht gerade unumstritten. Siehe dazu auch den Eintrag über Schlämmkreide im Verzeichnis der Basisstoffe am Ende des Buches.

Man braucht bei selbst gemachter Zahnpasta weder auf die gewohnte Konsistenz noch auf die vertraute Tube zu verzichten. Pulverisiert eignen sich viele Heilkräuter zur Zahnpflege. Zusammen mit Schmirgelstoffen und Glycerin lassen sie sich leicht zu einer Paste verarbeiten. Als Schmirgelstoffe eignen sich außer Schlämmkreide noch Milchzucker (sofern keine Laktoseintoleranz vorliegt) und Kieselerde. Die Schlämmkreide hat hauptsächlich eine schmirgelnde und damit reinigende Funktion, während der Milchzucker vor allem einen angenehmen Geschmack gibt. Er schädigt die Zähne nicht wie herkömmlicher Haushaltszucker und fördert weder Karies noch Bakterienwachstum. Auch Kieselerde ist ein reines Naturprodukt aus siliziumhaltigen Ablagerungen; sie enthält unter anderem Diatomeen, Fossilien von Meeres- und Süßwasseralgen. Sie kräftigt das Zahnfleisch und damit auch die Zähne (vgl. auch den Eintrag im Verzeichnis der Basisstoffe, Seite 171).

Glycerin, das umgangssprachlich auch noch mit dem alten Namen „Ölsüß" bezeichnet wird, gehört chemisch zu den Alkoholen und entsteht unter anderem bei der Gärung des Zuckers, kann aber auch auf andere Weise gewonnen werden. Diese süß schmeckende sirupartige Flüssigkeit dient hauptsächlich als Bindemittel. In der Hautpflege wird Glycerin als Feuchtigkeitsspender zum Einreiben bei trockener und spröder Haut verwendet, es kann aber auch medizinisch bei Hautausschlägen und Verbrennungen zum Einsatz kommen.

Tubenhüllen für die Zahnpasta kann man in jeder Apotheke in verschiedenen Größen erwerben. Sie sind auf einer Seite mit einem Schraubverschluss versehen, auf der anderen offen. Man kann die fertige Paste leicht einfüllen, dann drückt man das offene Ende mit einer Zange zusammen. Diese Tubenhüllen lassen sich zwar nur einmal verwenden, doch sie sind praktisch und darüber hinaus äußerst hygienisch. Man braucht nicht wie bei Salz oder Pulver mit der Zahnbürste in ein Gläschen eintauchen, was nicht sonderlich hygienisch wäre.

Die folgenden Rezepte für Zahnpasten reinigen die Zähne gründlich. Du kannst die Mengen der einzelnen Bestandteile (die ätherischen Öle natürlich ausgenommen, sie müssen immer niedrig dosiert bleiben!) nach Belieben variieren und auch Kräuter nach Wahl nehmen, entweder pulverisiert oder als Tinktur. Im Falle von ätherischen Ölen musst du natürlich auch wieder auf eine adäquate Dosierung achten. Für die Zahnpflege eignen sich besonders Kamillentinktur, Myrrhentinktur, Kapuzinerkressetinktur, ätherisches Wacholderöl, ätherisches Nelkenöl, Eukalyptustinktur, getrocknete Salbei- und Thymianblätter, Iriswurzel, Anis- und Kardamomsamen.

### PFEFFERMINZ-ZAHNCREME

1 Esslöffel getrocknete Pfefferminze
2 gehäufte Esslöffel gereinigte Schlämmkreide
2 gehäufte Esslöffel Milchzucker
1 Esslöffel Kieselerde
3 Esslöffel Glycerin
3 Tropfen ätherisches Eukalyptusöl

Gib die Pfefferminze in einen Mörser und zerstoße sie zu feinem Pulver, das du durch ein Haarsieb in einen hohen Topf siebst; die groben Rückstände werden nicht gebraucht und beiseitegestellt. Hinzu kommen Schlämmkreide, Milchzucker und Kieselerde. Mit einem kleinen Schneebesen wird das Glycerin portionsweise eingearbeitet, bis eine glatte Paste hergestellt ist. Zum Schluss wird das Eukalyptusöl hinzugetropft und die Zahnpasta anschließend in eine Salbentube abgefüllt.

Die Pfefferminze und das Eukalyptusöl hinterlassen einen angenehm frischen Geschmack im Mund und wirken leicht kühlend. Die Schlämmkreide dient ebenso wie die Kieselerde und der Milchzucker als Schmirgelstoff.

---

**ZAHNCREME**

---

20 g Milchzucker
20 g gereinigte Schlämmkreide
10 g Glycerin
2 g getrocknete Salbeiblätter
2 g getrocknete Thymianblätter und -blüten
2 g getrocknete Pfefferminzblätter
1 g getrocknete Gewürznelken oder 1 Tropfen ätherisches Nelkenöl

Die Kräuter werden zusammen in einen Mörser gegeben und zu ganz feinem Pulver zerstoßen, dann in eine Schale gefüllt und mit der Schlämmkreide vermischt. Nach und nach arbeitest du das Glycerin unter und erhältst dann eine weiche Paste. Die Kräuter wirken adstringierend und entzündungshemmend, die übrigen Zutaten haben schmirgelnde und bindende Eigenschaften sowie eine konservierende Wirkung.

Obwohl selbst hergestellt, erinnern diese Zahnpasten noch am ehesten an die üblicherweise auf dem Markt erhältlichen. Sie könnten daher den Übergang zu noch einfacheren Pflegemitteln erleichtern, die eine umfassende Zahn- und Mundpflege gewährleisten, obwohl sie nur mit einem oder wenigen Bestandteilen zubereitet werden. Es braucht nämlich eine gewisse Zeit, um Vertrauen in neue natürliche Mittel zu bekommen. Man sollte eine anfängliche Scheu niemals übergehen, sondern ganz langsam und behutsam in Abwechslung mit dem „Altbewährten" experimentieren. Der Mund ist schließlich Teil einer ganz speziellen Intimsphäre, die auf gewaltsame Veränderungen sehr empfindlich reagieren kann. Das sollte man auch bei der Zahnreinigung mit so ungewohntem Mitteln wie beispielsweise Salz bedenken und deshalb sehr sanft vorgehen.

## Die einfachsten Rezepte für die Zahnpflege

In vielen Kulturen wurden und werden zur Zahn- und Mundpflege Gewürze gekaut:

- **Wacholderbeeren** wirken entzündungshemmend und antiseptisch. Beim Kauen werden die in den Beeren enthaltenen ätherischen Öle freigesetzt, die sich auch wohltuend auf das Verdauungssystem auswirken und Blähungen verhindern helfen.
- **Anissamen** sind entzündungshemmend, antibakteriell und antiviral. Wie das Wacholderöl wirken sie auch sehr anregend auf die Verdauung. Wenn man Anis mag, sind Anissamen sehr wohlschmeckend und geben dem Atem einen angenehmen Geruch.
- **Kardamom** hat einen sehr würzigen und intensiven Geschmack, ebenso wie die
- **Gewürznelke,** deren Geschmack jedoch nicht jedermanns Sache ist. Beide geben jedoch einen außerordentlich guten und frischen Atem. Vor Kindern sollte man sie aber unbedingt fernhalten!

Alle diese Gewürze haben eine Gemeinsamkeit: Sie wirken über die Erfrischung des Atems hinaus auch positiv stimulierend auf das Verdauungssystem. Durch das Kauen werden Speisereste gelöst sowie vermehrt Speichel gebildet, der wiederum verdauungsanregend wirkt. Darum ist es nicht übertrieben, wenn man ihnen, auf diese Weise eingesetzt, eine ganzheitliche Wirkung nachsagt. Doch der am meisten geschätzte Vorzug ist vielleicht ein klarer, frischer und angenehmer Atem, der wiederum, im Ganzen gesehen, der Schönheit nur zuträglich sein kann.

## SALZREINIGUNG

50 g Atlantikmeersalz, grob und unbehandelt

Die Anwendung ist ganz einfach: Löse entweder 2 bis 3 Prisen Salz in einem halben Glas Wasser auf und nimm es zur Mundspülung; oder gib das Salz in ein kleines Gläschen mit weitem Hals und nimm zum Zähneputzen mit der trockenen Zahnbürste ein wenig davon auf und putz dir damit die Zähne wie mit Zahncreme. Die Salzreinigung beugt durch die zusammenziehende Wirkung dem Zahnfleischbluten vor und hinterlässt einen wunderbar frischen Geschmack. Trockne aus hygienischen Gründen die Zahnbürste ab und bewahre sie bis zum nächsten Gebrauch an einem geeigneten Ort auf.

Du kannst die Salzreinigung auch variiert anwenden, indem du verschiedene getrocknete, im Mörser zu feinem Pulver zerstoßene Kräuter hinzugibst. Dazu eignen sich besonders Salbei, Pfefferminze und Thymian. Sie wirken heilend auf das Zahnfleisch und die Mundschleimhaut und lassen einen angenehmen Geschmack in der Mundhöhle zurück.

### KRÄUTERREINIGUNG

50 g Salbei, Thymian, Pfefferminze, Lavendel oder Zinnkraut

Das getrocknete Kraut wird in einem Mörser fein zerstoßen und das Pulver in ein Gläschen mit weitem Hals gegeben. Zum Zähneputzen nimmst du mit der trockenen Zahnbürste ein wenig davon auf und putzt dir damit wie üblich die Zähne. Nach Gebrauch gut reinigen und trocken bis zum nächsten Gebrauch aufbewahren.

### ASCHENREINIGUNG

25 g Asche: am besten Holzkohle aus der Apotheke oder Dentie-Pulver aus gerösteten Auberginen (siehe unten)
25 g Atlantikmeersalz, grob und unbehandelt

**HINWEIS:** Für das Zahnpulver werden Auberginen (vor allem die Kelche von kleinen runden Auberginen) langsam geröstet, bis sie zu schwarzem Pulver werden, und anschließend mit geröstetem Meersalz gemischt. „Dentie-Pulver" ist ein traditioneller Bestandteil der Makrobiotik. Nach deren Verständnis ist das Produkt durch seine Herstellungsweise sehr *yang* (zusammenziehend), weshalb ihm eine ausgleichende Wirkung bei Zahnfleischproblemen sowie eine Linderung von Zahnschmerzen nachgesagt wird. Das Dentie-Pulver braucht nicht selbst hergestellt zu werden, sondern ist in der makrobiotischen Fachabteilung von gut sortierten Bioläden erhältlich.

Bei der Auswahl der Asche solltest du dich am besten an die Fertigprodukte halten und dir keine verkohlte Holzkohle vom Grill holen. Da weiß man kaum, ob die Gesundheits- oder die Hygieneprobleme größer wären ...

Misch die Asche mit dem Salz und füll sie in ein Gläschen mit weitem Hals. Nimm dir zum Zähneputzen mit der trockenen Zahnbürste ein wenig davon heraus und trockne die Zahnbürste nach Gebrauch wieder gut ab.

Die
Vielfalt
der
Düfte

# Von süßen Wohlgerüchen

„Alle Gerüche und Düfte sind süßer aus einiger Entfernung. So ist es auch mit den Klängen, die dann am lieblichsten sind, wenn wir nicht jeden Ton einzeln für sich hören können … Denn alle süßen Düfte sind immer auch mit irgendwelchen irdischen oder recht groben Gerüchen verbunden; doch aus einiger Entfernung wird vor allem das Süße und Wohlriechende wahrgenommen, da es um vieles ätherischer ist, während sich das Irdische nicht so weit ausdehnen kann …"

– Francis Bacon, aus: *Sylva Sylvarum* –

Spätestens mit dem 12. Jahrhundert, so bezeugt ein Standesbrief, hat es in Frankreich professionelle Hersteller und Händler von Duftstoffen gegeben, während in England solche Raritäten wie Parfums, Duft- und Riechwasser, Pomaden, Seifenbälle und Duftkissen noch Jahrhunderte später über den Seidenhändler bezogen werden mussten. Die Vorliebe für extravagante Düfte hat in England niemals auch nur annähernd das gleiche Ausmaß wie in Frankreich angenommen, wo der Duftrausch seinen Höhepunkt unter Ludwig XV. erreichte. Sein Hof hieß zu Recht *La cour parfumée,* und eine strenge Etikette bestimmte den Gebrauch eines täglich wechselnden Parfums. Madame de Pompadour verbrauchte allein für ihre Haus- und Hofhaltung einen jährlichen Betrag von mehreren Millionen Francs nur für diesen Zweck.

Auf dem europäischen Kontinent galten die Duftstoffe aus dem Orient seit den Zeiten der Kreuzritter als bevorzugte Geschenke unter den adligen Damen, doch als die Düfte dann auch im England Elisabeths I. in Mode kamen, wandten sich die englischen Ladys nicht dem Nahen oder Fernen Osten, sondern ihren eigenen Kräutergärten zu. Mindestens 200 Jahre lang erfreute sich das Rosenwasser größter Beliebtheit. Dabei handelt es sich nicht um das bei der heutigen Wasserdampfdestillation von ätherischem Rosenöl anfallende Hydrolat, wie es uns ansonsten in diesem Buch begegnet. Vielmehr war es über Jahrhunderte selbst bei Hof verpönt, zum Speisen eine Gabel zu benutzen. Die Hände, die als Esswerkzeuge dienten, wurden zwischen den einzelnen Gängen zur Reinigung in die mit Rosen- oder einem anderen Duftwasser gefüllten Präsentierteller getaucht.

Unter Elisabeth I. kamen aus Italien importierte duftende Handschuhe, Gürtel und Westen in Mode. Bald hatte jedes kleine Haus auf dem Land seine eigene Destillationskammer und häufig auch einen Raum, um all die Pflanzen zu trocknen oder sie in Töpfen und Kästen aufzustellen. Der allgemeine Brauch, duftende Kräuter als Räucherwerk in den Zimmern zu verbrennen, sei hier aber nicht zur Nachahmung empfohlen.

Nichts geht natürlich über einen Garten mit diesen Kräutern, die Sonne und Würze so eingefangen haben, dass kein Tonikum sie je übertreffen könnte. Vielleicht hatten die alten Kräuterkundigen recht, wenn sie erklärten, dass man eigentlich gar nicht krank werden könnte, wenn man ständig den Geruch solcher Kräuter wie Thymian, Majoran und Rosmarin in der Nase hat; auch für kranke Menschen, denen Blumenduft oft zu stark und intensiv ist, scheint ein Bund wohlriechender und würziger Kräuter besonders heilsam zu sein. In einem richtigen Kräutergärtlein lässt sich auch das Geheimnis des Duftes von

Blättern entdecken, der im Unterschied zu Blüten und Blumen zumeist viel länger anhält. Sie zwingen uns ihren Duft nicht auf, sondern müssen vielmehr durch Berühren, Reiben, Zerpressen oder Zerstampfen aus der Reserve gelockt werden, doch dann können wir uns noch lange, selbst im Winter, an ihrem Duft erfreuen. Das trifft natürlich besonders auf das südliche Europa zu.

Die alten Kräutersammler schrieben etlichen würzig duftenden Kräutern sogar die Abwehr von ansteckenden und seuchenartigen Krankheiten zu. Während der Großen Pest zu Anfang des 18. Jahrhunderts herrschte der volkstümliche Glaube, diese Abwehr könne ein kleines Sträußchen Rosmarin bewirken – was zur Folge hatte, dass dieses plötzlich fast ebenso viel kostete wie vorher ein ganzer Armvoll davon. Zwei Relikte haben sich noch lange aus dieser Zeit erhalten: der Spazierstock der Ärzte mit seinem Goldknauf, der früher ein Riechfläschchen enthielt, und die kleinen Kräuterbouquets, die der Klerus bei der traditionellen Almosenverteilung am Gründonnerstag in der Westminster Abbey bei sich trug.

„Die Ärzte", so schrieb schon Michel de Montaigne, „sollten meiner Meinung nach größeren Nutzen aus den pflanzlichen Düften und Gerüchen ziehen, als sie dies gegenwärtig tun. Ich selbst habe oft wahrgenommen, dass diese – je nach Stärke und Eigenart – meine Lebensgeister verändern, anregen und beeinflussen können und eine starke Wirkung in mir auslösen, sodass ich der alten Erkenntnis nur zustimmen kann, dass der so alte und in allen Ländern und Religionen so weitverbreitete Gebrauch von Räucherwerk und Duftstoffen die besondere Absicht verfolgt, den Geist zu erfreuen, anzuregen, zu erheben und die Sinne zu reinigen, sodass wir eher fähig und bereit für unsere Kontemplation sind."

## Potpourris aus wohlriechenden Kräutern

Ein Potpourri[9] ist eine Mischung aus Blüten und anderen aromatischen Pflanzenteilen, die mit Öl(en) in einem dekorativen verschlossenen Behälter aufbewahrt werden. Wann immer man ihren Duft genießen will, muss man lediglich den Deckel etwas lüften.

Diese Potpourris können jedoch auch das Auge erfreuen, wenn man die Möglichkeit wählt, sorgfältig getrocknete Blüten und anderes in einem Glasbehälter aufzubewahren.

Mit wenigen anderen Blüten, wozu beispielsweise Lavendel, Duftgeranien und Tuberosen (Nachthyazinthen) gehören, haben Rosen gemeinsam, dass sie mit dem Trocknen ihren Duft nicht verlieren. Sie sind auch schon aus diesem Grund Hauptbestandteil fast eines jeden Potpourris und bieten, mit anderen Blüten und ätherischen Ölen kombiniert, unzählige Variationsmöglichkeiten. Die anderen getrockneten Blüten können durch ihre eigenen ätherischen Öle jedoch wieder zum Duften gebracht werden. Sie werden dem Potpourri aber auch aus Gründen ihrer Farbe und Form beigegeben. Das Gleiche gilt auch für andere Pflanzenteile, wie Blätter, Wurzeln, Schalen oder Borke.

Für die Erstellung eines Potpourris gibt es grundsätzlich zwei verschiedene Möglichkeiten: die trockene und die feuchte Methode. Die trockene Methode ist einfacher und auch gebräuchlicher. Sie hat den Vorteil, dass die einzelnen Kompositionsteile ihren gewohnten Anblick nicht oder kaum verändern. Die Blumen werden dafür an einem sonnigen Tag gesammelt – am besten, nachdem der Morgentau verschwunden ist, und mindestens zwei Tage nach dem letzten Regen. Sie sollten einige Tage lang sehr gründlich getrocknet werden. Man mischt sie nach farblichen Effekten miteinander und fügt noch einige we-

9 Vielleicht ist es ein „French paradox", dass die wörtliche Übersetzung von *pot pourri* ausgerechnet „verfaulter Topf" lautet.

nige (auf keinen Fall zu viele!) Tropfen von einem oder mehreren ätherischen Ölen zum Aromatisieren sowie ein Fixierungsmittel wie Salz oder die Harze Labdanum[10] oder Styrax hinzu, wodurch das Entweichen der ätherischen Öle verhindert oder zumindest verzögert werden soll. Diese Potpourri-Mischung lässt sich auch als Badezusatz oder in kleinen Säckchen zwischen der Wäsche verwenden.

Bei der feuchten Methode werden die Blüten in einen großen, weithalsigen Krug gefüllt. Hierbei wird außer Fixiermittel und Duftölen auch noch Salz – am besten Meersalz – verwendet. Diese Mischung muss regelmäßig umgerührt werden. Nach einer gewissen Zeit wird sich durch Fermentation eine Art „Brühe" an der Oberfläche absetzen. Das Ergebnis wird schließlich eine kuchenartige Masse sein, die man herausheben und in einzelne Stücke brechen kann.

Die Befürworter dieser Methode behaupten, dass sich die Düfte hierbei besser erhalten – doch kann diese Art von Potpourri mit der Zeit auch einen etwas muffigen, um nicht zu sagen modrigen Geruch annehmen, während die trockene Form eher leichter und ätherischer duftet. Aus ästhetisch-optischen Gründen sollte man das nasse Potpourri wohl besser in einem undurchsichtigen Behälter aufbewahren, denn erinnern wir uns an die Namensherleitung für den „süßen Krug" aus dem französischen *pot pourri,* was eigentlich „verfaulter Topf" bedeutet. Der Umwandlungsprozess könnte also nicht nur von den Augen, sondern auch von der Nase registriert werden.

---

10 Labdanum ist ein Harz, das im Mittelmeerraum in den Sommermonaten aus verschiedenen Arten der Zistrose gewonnen wird. So als würde die Pflanze Labdanum ausschwitzen, tritt das ölige Harz unter Sonneneinwirkung aus den Blättern und Zweigen der Zistrose aus.

## Schottisches Rezept für ein feuchtes Potpourri

Alle Blumen, Blüten und Blätter, die verwendet werden, müssen vollkommen getrocknet sein, da jedes feuchte Teilchen verfaulen und das Ganze verderben würde. Die am besten geeigneten Pflanzen für diesen Zweck sind Rosen (am besten Damaszener- oder Portlandrosen, Moosrosen und die alten Centifolien – die Hundertblättrigen Rosen – mit ihren vielen Arten), Lavendel, Rosmarin, Gewürznelken, Waldmeister, Veilchen – im Grunde genommen alle wohlduftenden Blumen und Blüten. Gut geeignet sind auch die Blätter von wilden Heckenrosen, Lorbeer und Thymian, Zitronenmelisse und etwas Minze. Auch die Schalen von Zitronen, Mandarinen und Pomeranzen, in kleine Streifen geschnitten, können beigegeben werden. Dann stellt man folgende Mischung her:

1 Pfund Kochsalz
½ Pfund fein zerstoßenes Meersalz
15 g Styrax
6 Drachmen = 25 g Schwertlilienwurzel (aus der Gruppe der Rhizom-Iris)
1 geriebene Muskatnuss
½ Teelöffel zerstoßene Gewürznelken
½ Teelöffel Nelkenpfeffer (*Pimenta officinalis*)
25 ml ätherisches Bergamotteöl

**HINWEIS**: Schwertlilien sind geschützt und dürfen nicht selbst ausgegraben werden, sind aber im Handel erhältlich.

Man vermengt alle Zutaten gründlich miteinander und gibt zuletzt das Bergamotteöl hinzu. Dann füllt man einen Krug oder Topf abwechselnd mit einer Schicht dieser Salzmischung und einer Schicht aus getrockneten Kräutern, Blumen und Gewürzen auf und hält ihn gut verschlossen. Besonders zu Anfang muss häufig und regelmäßig umgerührt werden.

# Duftkugeln

Duftkugeln sind heute fast aus der Mode gekommen. Trotzdem möchten wir den Lesern die folgenden traditionellen Anleitungen aus früheren Jahrhunderten nicht vorenthalten, da sie ein Bestandteil des uns überlieferten Repertoires an süßen Wohlgerüchen sind und einfach dazugehören. Die tierischen Duftstoffe Moschus und Zibet sollten durch intensiv duftende ätherische Öle wie Patchouli, Weihrauch oder Zypresse ersetzt werden.[11]

## Wie man Duftkugeln zubereitet

Man benötigt jeweils 30 Gramm Benzoeharz, Labdanum und Styrax. Diese Zutaten werden in einem im Backofen oder im Wasserbad sehr stark erhitzten Mörser zu einer ganz glatten und feinen Paste zerstoßen, wobei man im Originalrezept noch 6 Körnchen Moschus und 4 Körnchen Zibet hinzufügt.[12] Diese Masse wird dann zu kleinen Kugeln ausgerollt, die man mit einer Nadel durchsticht und an Fäden aufhängt, solange sie noch warm sind.

### ERFRISCHENDE DUFTKUGEL FÜR EINEN KLAREN KOPF

Dafür nimmt man als Zutaten 30 Gramm Labdanum, jeweils 2 Drachmen (ca. 8 Gramm) Benzoeharz und Styrax, die halbe Menge an fein durchgesiebtem Damaszenerrosen-Puder sowie jeweils ein wenig Gewürznelken, Muskatblüte und Muskatnuss, Kampfer, Moschus und Zibet.[13] Dann werden Mörser und Stößel gut gereinigt und stark erhitzt.

---

11 vgl. dazu die Anmerkung auf Seite 109 f.

12 Als willkommener Ersatz für die problematischen Tierprodukte können jeweils 2–3 Tropfen ätherisches Öl von Patchouli, Weihrauch und Zypresse verwendet werden.

13 wie oben

Als Erstes wird das Labdanum darin so lange bearbeitet, bis es wachsweich ist. Zu diesem Zweck gibt man 2 oder 3 Tropfen ätherisches Nardenöl sowie die Ersatzöle für Zibet und Moschus[14] hinzu. Dann werden die übrigen Zutaten zu feinem Pulver zerstoßen und anschließend alles zusammen sehr gründlich miteinander vermischt. Schließlich nimmt man die Masse heraus, reibt sich die Hände mit Rosen- oder Zitronenwasser ein, rollt das Ganze zu einer Kugel auf und bohrt mit einer Ahle oder einer langen Nadel ein Loch hindurch.

Wenn die Duftkugel mit der Zeit ihr Aroma verliert, lässt sie sich mit Rosenhydrolat, dem wenige Tropfen der verwendeten ätherischen Öle beigemischt werden, wieder auffrischen.

14 wie oben

## Das Trocknen von Rosenblättern

„Aus dem süßen Tod der Rose entstehen die süßesten Düfte"

– William Shakespeare –

Verhältnismäßig einfach ist die Methode, die sorgfältig abgezupften Blütenblätter einer Rose in der Mittagszeit eines warmen und sonnigen Tages auf einem Blech auszulegen und unter ständigem Hin- und Herwenden zu trocknen. Dann werden sie in gut verschließbare Gläser gefüllt und an einem warmen Ort aufbewahrt.

Die zweite Methode ist schon etwas aufwendiger: Hierfür werden Rosenblüten verwendet, die weder in Knospe stehen noch bereits voll erblüht sind. Die abgepflückten Blütenblätter werden auf Borden in einem Raum ausgelegt, wo sie nicht direkt von der Sonne beschienen werden können. Wenn sie schon relativ stark angetrocknet sind, werden sie oben auf ein leicht erwärmtes Dörrgerät gelegt und langsam weitergetrocknet, dürfen aber nicht ihre Farbe einbüßen. Dann werden sie nochmals ausgebreitet. Wenn sie dann vollkommen trocken sind und keinerlei Feuchtigkeit mehr aufweisen, werden sie fest in ein Steingutgefäß gepresst und gut verschlossen darin aufbewahrt.

Schließlich können Rosenblätter auch noch im Backofen nachgetrocknet werden, nachdem man gerade das frischgebackene Brot herausgenommen hat. Dafür werden alle weißen Teile weggeschnitten, sodass die Blütenblätter eine gleichmäßige Färbung haben, und in einer etwa 3 cm dicken Schicht in einem Siebeinsatz auf ein Backblech gelegt. Wenn sie etwa eine halbe Stunde im Ofen gestanden haben, beginnen sie am oberen Ende weiß zu werden. Sie sollten dann noch so lange in der Wärme stehenbleiben, ohne dass man sie umwendet, bis sie an der Oberfläche relativ stark angetrocknet sind. Dann werden sie nochmals umgerührt und eine weitere halbe Stunde im Ofen gelassen. Dieser Vorgang wird so oft wiederholt, bis die Rosenblätter durch und durch getrocknet sind. Danach werden sie, so warm wie sie sind, in ein glasiertes Steingutgefäß mit einer möglichst engen Öffnung eingefüllt und, wenn Sie keinen eigenen Deckel haben, mit Kork und Pergamentpapier gut verschlossen. Bei „Duftbedarf" wird für eine Weile natürlich der Deckel gelüftet.

Dieses Gefäß wurde früher in den Kamin oder in die Nähe eines ständig brennenden Küchenofens gehängt. Auf diese Weise werden die Rosenblätter ihre schöne Farbe und ihren köstlichen Duft noch lange bewahren. Heute bietet sich dafür zumindest in der Zeit von Herbst bis Frühjahr ein gemütlicher Kachelofen an.

Sollte man befürchten, dass die Rosenblätter ihre Festigkeit verlieren, so kann man sie um Lichtmess (2. Februar) nochmals unter ständigem Hin- und Herwenden „rösten", bis sie wieder ganz durchgetrocknet sind, und noch warm zurück in den Steinguttopf füllen.

## DUFTBEUTEL FÜR DEN WÄSCHESCHRANK

Die Duftbeutel aus diesem überlieferten Rezept waren für einen englischen Wäscheschrank gedacht. Natürlich sind sie auch heute noch sehr beliebte Geschenke.

1 Litermaß (1000 ml in einem Messbecher) Rosenblütenblätter
je 10 g grob zerstoßene Schwertlilienwurzel[15],
Kalmuswurzel, Zitronen- und Orangenschalen

15 Wie bereits erwähnt, soll sie käuflich erworben werden, da Schwertlilien geschützt sind.

je 3 g pulverisierte Muskatnuss, Koriandersamen und Gewürznelken
2 Esslöffel zerriebene Lavendelblüten, Gartenmajoran, Orangen- und Walnussblätter
je 10 Tropfen ätherisches Rosen- und Zypressenöl

Die Kräuter werden vermischt, die ätherischen Öle auf Stoffstückchen geträufelt. Dann füllt man Seidenbeutel mit der Kräutermischung und gibt in die Mitte je ein duftendes Stoffstückchen. Die fertiggestellten Seidenbeutel werden zwischen die Wäsche gelegt.

## DUFTKISSEN GEGEN MELANCHOLIE UND FÜR GUTEN SCHLAF

2 Handvoll frisch getrocknete Rosenblütenblätter
1 Esslöffel pulverisierte Minze
2 Teelöffel Gewürznelkenpulver
10 Tropfen ätherisches Melissenöl

Die Minze und das Gewürznelkenpulver werden mit dem Melissenöl getränkt, dann mit den Rosenblütenblättern vermischt und in ein kleines Seidensäckchen gefüllt, das man mit einer schönen Schnur zusammenbindet.

Dazu gibt es die folgende Gebrauchsanleitung: „Wenn man dieses [Säckchen] mit sich ins Bett nimmt, wird sein Duft guten Schlaf bringen, und auch während des Tages ist es von Nutzen, hin und wieder daran zu riechen, da dies die Lebensgeister gleichzeitig erquicken und beruhigen wird."

## Lob des Lavendels

*„Lavendelblüten,*
*in eine Mütze eingenäht und täglich getragen,*
*helfen gegen alle Krankheiten des Kopfes,*
*wofür Kälte die Ursache ist,*
*und auch der ruhelose Geist*
*kann durch sie Entspannung finden."*

(aus: William Turner, *Neues Kreuterbuch*, 1551)

Der Name Lavendel leitet sich ab vom Lateinischen *lavare = waschen,* und bedeutet daher wörtlich übersetzt etwa: „was zum Waschen dient". Das lässt sich wahrscheinlich damit erklären, dass die Blüten gerne dem Badewasser als Duftstoff beigegeben wurden und bis heute noch werden. Die Pflanze soll aber nicht nur sauber, sondern – wenn sie auf den Kopf gestreut wird – auch keusch machen, weshalb sie einen nicht gerade aphrodisischen Ruf genießt. Immer noch verbreitet, vor allem in südlichen Ländern, ist die Verwendung der getrockneten Blüten in kleinen Duftsäckchen.

### LAVENDEL-DUFTSÄCKCHEN

1–2 Handvoll Lavendelblüten

Die Lavendelblüten werden am späten Vormittag gesammelt und mehrere Tage lang im Schatten getrocknet. Dann näht man sie in einen Leinenbeutel oder in ein kleines Kissen ein.

Lavendelkissen werden für ihre beruhigende Wirkung viel gelobt. Man legt sie deshalb oft unter oder neben das Kopfkissen, damit sie zu einem guten und tiefen Schlaf verhelfen.

## APHRODISISCHES DUFTKISSEN

2 Handvoll Rosenblütenblätter
1 Handvoll getrocknete Apfelschalen
1 Handvoll getrocknete Zitronenschalen
4 Teelöffel Benzoeharz
5 Tropfen ätherisches Muskatellersalbeiöl
5 Tropfen ätherisches Sandelholzöl
5 Tropfen ätherisches Rosenöl
5 Tropfen ätherisches Ylang-Ylang-Öl

Die getrockneten Zutaten werden miteinander vermischt. Das in einem Mörser zu kleinen Bröckchen zerstoßene Benzoeharz beigeben und diese Mischung mit den ätherischen Ölen parfümieren.

Wenn du diese Mischung wie oben beschrieben fertiggestellt hast, füll sie in ein weithalsiges Glasgefäß und lass sie darin 2 Tage lang ziehen. In der Zwischenzeit kannst du in aller Ruhe einen schönen Beutel nähen, in den die Kräuter dann gefüllt werden.

Schon die ersten drei Zutaten haben einen sehr schönen Duft, doch erst die Auswahl der ätherischen Öle gibt diesem Duftsäckchen das i-Pünktchen, denn sie alle gehören zu den bekanntesten Aphrodisiaka. Im Wäscheschrank gibt dieses Duftkissen einen angenehmen und lang anhaltenden Duft, doch auch der Platz unter dem Kopfkissen ist nicht unangebracht.

## Ewiger Rosenduft (Dufttäfelchen)

250 g frische Damaszenerrosen-Knospen
30 ml Damaszenerrosenwasser (Hydrolat)
75 g Benzoeharz
10 Tropfen ätherisches Rosenöl
10 Tropfen ätherisches Bergamotteöl

Von den Rosenknospen wird der untere weiße Teil entfernt. Dann werden sie gut in einem Mörser zerstoßen und zusammen mit dem Hydrolat in ein weithalsiges Glasgefäß gegeben. Gut verschließen und über Nacht stehen lassen. Am nächsten Tag wird das Benzoeharz fein zerstoßen und zusammen mit den ätherischen Ölen zu der Rosenmasse gegeben. Alles gründlich miteinander verkneten, daraus kleine Dufttäfelchen formen und diese zwischen zwei Pergamentpapierlagen trocknen lassen. Diese Täfelchen können zum Beispiel im Wäsche- oder Schuhschrank platziert werden.

Auch dieses Rezept stammt aus dem alten England. Das den Engländern nachgesagte kühle Gemüt konnte sich offenbar sehr für die Rose erwärmen.

Hier folgt noch interessehalber eine traditionell überlieferte Variation solcher duftenden Räuchertäfelchen, auch wenn sie nicht jedermanns Sache sein mögen:

Man nimmt ½ Pfund Knospen von Damaszenerrosen (ohne die weißen Teile), 100 Gramm pulverisiertes Benzoeharz und jeweils eine kleine Menge Moschus, Ambra und Zibet.[16]

16 Diese drei Zutaten aus dem altüberlieferten Rezept stammen wieder von Tieren, die zudem geschützt sind. Hier sei wieder auf die Ersatzzutaten durch das vorhergehende Rezept „Ewiger Rosenduft" verwiesen.

All dies zerstößt man in einem Steinmörser, fügt 30 Gramm Zucker hinzu und formt aus dieser Masse kleine Täfelchen, die man entweder in der Sonne oder am Feuer trocknen lässt. Sie können wie Harz oder Weihrauch verbrannt werden.

## SCHOTTISCHE NELKEN-ORANGE

1 Orange
70–100 Gewürznelken

Binde ein schmales Band über Kreuz um die Orange und lass die Enden etwa 20 cm lang herunterhängen, damit du sie später daran festbinden kannst.

Diese Orange spickst du mit den Gewürznelken, indem du sie relativ eng nebeneinander in die Schale steckst. Dabei kannst du dir auch schöne Muster ausdenken.

Nelken-Orangen präpariert man am besten im späten Herbst, dann geben sie den ganzen Winter über einen herrlich würzigen Duft ab. In Schottland, wo diese Tradition noch sehr lebendig ist, hingen diese Duftorangen gewöhnlich in Ofennähe.

## DUFTBAND

unpräparierte einfache Kordel
200 ml heißes Wasser
20 g Kalisalpeter (Kaliumnitrat)
30 g 70%-iger Alkohol (Ethanol)
20 Tropfen ätherisches Rosenöl

**HINWEIS**: Ob als Düngemittel, Pökelsalz oder kleines Feuerwerk mit Duftnote: Bei Kalisalpeter handelt es sich anscheinend um eine derart explosive chemische Substanz, dass sie in heutiger Zeit nicht mehr legal zu erwerben ist.

Verzichten wir also lieber darauf, diese Rezeptur nachzubauen, und wundern uns höchstens ein wenig darüber, wie wagemutig unsere Vorfahren offenbar gewesen waren.

# Ätherische Öle – die guten Geister aus der Flasche

Hinter jedem ätherischen Öl verbirgt sich der jeweilige Wesenskern oder die Essenz, die für jede Pflanze unverwechselbar und einmalig ist. Ihr Duft setzt Signale frei, die uns anziehen oder abstoßen, anregen oder beruhigen können. Sie wirken, über den Geruchssinn aufgenommen, in subtiler Weise auf den feinstofflichen Organismus und können in vielfältiger Weise heilen. Unangenehme psychische oder geistige Zustände können damit in positiver Weise beeinflusst werden, was zu einem größeren allgemeinen Wohlbefinden führen kann.

Es mag verwundern, dass ätherische Öle oft bei völlig entgegengesetzten Indikationen angewendet werden. So wirkt Ylang-Ylang zum Beispiel zugleich besänftigend und euphorisierend. Es hat also die Kraft, einen Gemütszustand, der ins Ungleichgewicht gekommen ist, wieder in die Mitte zu bringen.

In der nachfolgenden Auflistung sind stichpunktartig einige der gebräuchlichsten Indikationen für die einzelnen ätherischen Öle aufgeführt. Es lassen sich jedoch auch Ölmischungen von mehreren ätherischen Ölen herstellen, doch sollte man sie am besten einzeln ausprobieren, um sie möglichst genau kennenzulernen, und sich erst dann an eigene Mischungen wagen, was durchaus als eine Kunst angesehen werden kann.

Der Begriff der „bösen Geister", den man hin und wieder in alten Kräuterbüchern findet, mag vielleicht im ersten Moment etwas seltsam anmuten, da die Zeiten, als man böse Geister vertrieb, für den größten Teil der Menschheit doch der Vergangenheit angehören dürften und derartige Phänomene vom rationalistischen Geist längst logisch erklärt wurden. Wird er jedoch auf die heutige Sprache übertragen, haben wir damit viele hilfreiche Tipps für die Anwendungsbereiche von ätherischen Ölen gefunden: Denn der „böse Geist" stand früher sinnbildlich für Ängste und Sorgen, Depressionen oder Wahnvorstellungen. Damals projizierte man innerseelische Zustände nach außen und kannte noch nicht das differenzierte psychologische Fachvokabular, das wir heute haben.

Die „bösen Geister" lassen sich durch „gute Geister", nämlich Ruhe, Freude, Lebensmut, Ausgeglichenheit, Einssein mit sich selbst und anderen vertreiben. Und es ist wirklich fantastisch zu sehen und zu spüren, auf welch intensive Weise wir in dieser Hinsicht unser Wohlbefinden mit ätherischen Ölen positiv beeinflussen können.

Nachdem die Aromatherapie über lange Zeit hinweg sehr wenig Interesse gefunden hat, wird sie inzwischen schon seit vielen Jahren wieder neu entdeckt. Sie ist längst salonfähig geworden und sozusagen in der Mitte der Gesellschaft angekommen. Prüfen und erfahren wir selbst, was es mit den guten Geistern aus der Flasche auf sich hat.

## Welche ätherischen Öle gut für die Psyche sind

| | |
|---|---|
| Anis | schafft einen klaren Kopf; wirkt anregend und leicht aphrodisierend |
| Basilikum | schafft einen klaren Kopf; hilft bei geistiger Erschöpfung, allgemeiner Schwäche und Entschlusslosigkeit; auch bei leichter Erregbarkeit und psychischer Instabilität |
| Benzoe | anregend, energiespendend und euphorisierend |
| Bergamotte | zugleich erfrischend und entspannend; aufmunternd, stimmungshebend; lindert depressive Verstimmung und Ängste<br>**VORSICHT**: kann je nach Dosierung auch eine photosensibilisierende/ phototoxische Reaktion auf der Haut auslösen |
| Bergbohnenkraut | bei geistiger und auch sexueller Schwäche sehr anregend |
| Cajeput | bei Nervosität und Gereiztheit |
| Estragon | allgemein stimulierend, besonders bei geistiger Schwäche |
| Eukalyptus | bei Erschöpfung und Konzentrationsschwäche<br>**VORSICHT**: Nicht bei Kindern unter 3 Jahren anwenden! |

| | |
|---|---|
| Ingwer | wirkt leicht aphrodisierend |
| Jasmin | antidepressiv, stimmungshebend; erzeugt Euphorie, Optimismus und Vertrauen, wirkt deshalb bei Apathie, Gleichgültigkeit und Antriebslosigkeit; auch ein Aphrodisiakum |
| Kampfer* | anregend und beruhigend; wirkt bei Depressivität; Anti-Aphrodisiakum |
| Kardamom | schafft einen klaren Kopf, wirkt stimmungshebend |
| Koriander | anregend bei Müdigkeit und Schwäche, auch bei nervöser Schwäche |
| Lavendel (*Lavandula ofiicinalis*) | beruhigt die Nerven; bei Depressivität, Herzklopfen, Panik, hilft aber ebenso bei Schlaflosigkeit und Ohnmacht und bringt bei ständig wechselndem Stimmungswandel Ausgeglichenheit |
| Majoran | anti-aphrodisisch dämpft den Geschlechtstrieb; wirkt beruhigend; hilft bei Kummer, Leid und Jammern |
| Melisse | bei Melancholie, antidepressiv, wirkt auch bei Panik und Hysterie, hilft, die Einflüsse unseres Denkens und der Außenwelt auf unseren Körper zu dämpfen, Lebenselixier |
| Muskatellersalbei | aphrodisierend und euphorisierend; cannabisähnlich in der Wirkung, macht high, aber auch träge und schwerfällig; beeinträchtigt die Konzentrationsfähigkeit; führt in hohen Dosen zur Bewusstlosigkeit; macht albern; bei nervösen, schwachen und ängstlichen Menschen anzuwenden, ebenso bei Depression, Panik und Wochenbettdepression |
| Muskatnuss | wirkt anregend, besonders bei allgemeiner Schwäche<br>VORSICHT: mit der Dosierung wegen der narkotisierenden Wirkung |
| Myrrhe | allgemein anregend |
| Neroli | stark antidepressiv; bei Schlaflosigkeit, Angst, Panik und Depressivität; hilft, wenn man sich unnötig aufregt und gleich die Nerven verliert; bei Schockzuständen |
| Oregano | sehr beruhigend, bei Nervosität und Überreizung |
| Patchouli | ein Aphrodisiakum; bei Angst, Depression; hält die Gedanken zusammen; hilft, Probleme zu klären und objektiver zu betrachten und damit zu bewältigen |
| Pfeffer, schwarzer | aphrodisierend, hilft bei emotionaler Kälte, enttäuschter Leidenschaft und auch Angst |
| Pfefferminze | bei heißem Kopf, wenn zu viel nachgedacht wird<br>VORSICHT: Nicht bei Kindern unter 3 Jahren anwenden! |
| Rose | wirkt aphrodisierend; bei Depressivität und stressbedingten Zuständen |
| Rosengeranie | beruhigend und ermunternd zugleich, auch bei nervöser Schwäche |
| Rosmarin* | anregend und wärmend auf Geist und Nerven; bei Trägheit, Schwäche, Apathie; klärt den Geist bei Verwirrung |

| | |
|---|---|
| Salbei* | stärkend und anregend, bei geistiger Überanstrengung |
| Sandelholz | leicht aphrodisierend; bei Angst und depressiven Neigungen; sedierend |
| Sassafras | bei geistiger Antriebslosigkeit sehr anregend; bei körperlicher Schwäche |
| Thymian | sehr anregend, leicht aphrodisierend, nervenstärkend, bei Schlaflosigkeit, in hoher Dosierung leicht betäubend, vermindert dann auch die Konzentration |
| Wacholder | bei Stress- und Angstzuständen, kalten Gemütsleiden, Angst, Furcht, Zittern, Schwäche, Müdigkeit |
| Weihrauch | wirkt erhebend und besänftigend auf Geist und Gemüt; bei Verfolgungswahn, Ängsten und Sorgen |
| Ylang-Ylang | wirkt besänftigend, sedierend und dämpft den Zorn, der durch Enttäuschung entsteht; euphorisierend; aphrodisierend |
| Ysop | schafft Wachheit und Klarheit; entspannt die Nerven; wirkt stimulierend |
| Zedernholz* | ähnlich dem Sandelholz |
| Zimt | bei allgemeiner Schwäche, Depressivität und Melancholie; leicht aphrodisierend |
| Zitrone | bei geistiger Überanstrengung oder geistiger Schwäche; stärkend und beruhigend |
| Zypresse* (*Cupressus sempervirens*) | bei Ängsten und Neigung zu Depression; sedierend; leicht aphrodisierend |

* **ACHTUNG:** Diese Öle wirken in hoher Dosierung abortiv, deshalb dürfen sie nicht während der Schwangerschaft angewendet werden.

# Verzeichnis der Basisstoffe

## ALKOHOL (Ethanol oder Weingeist)

Reiner Alkohol hat 96 Volumenprozente und eignet sich daher nicht für kosmetische Zwecke, weil er zu scharf ist. In den hier verwendeten Rezepturen wird Ethylalkohol (= Ethanol) eingesetzt, der auch als Weingeist bezeichnet wird. Dabei handelt es sich um einen sehr geschmacksneutralen Naturalkohol, der bei der Herstellung von Lotionen, Tinkturen und Duftwässern in zumeist 75 %-iger Verdünnung beigegeben wird, wenn man auf die tonisierenden, entfettenden und antiseptischen Eigenschaften Wert legt. Er hat zudem eine konservierende Funktion. Durch die Verdünnung mit destilliertem Wasser kann man ihn auf niedrigere Volumenprozente bringen. Ethanol sollte man in der Apotheke oder Drogerie kaufen.

## ÄTHERISCHE ÖLE

Ätherische Öle sind konzentrierte Pflanzenextrakte von hoher Duftintensität. Da sie flüchtig sind, verdunsten sie rasch an der Luft, die Verdunstungsgeschwindigkeit lässt sich durch leichte Wärmezufuhr erheblich steigern. Ätherisches Öl kann in allen Pflanzenteilen vorkommen. Der Duft von Blüten, Kräutern und Harzen beruht auf ihrem Anteil an ätherischen Ölen. Wo immer man ätherische Öle verwendet, ob in der Hautpflege oder zu aromatherapeutischen Zwecken, sollten sie stets rein sein und von Pflanzen entweder aus Wildwuchs oder aus biologischem Anbau stammen, in guter Qualität gewonnen und nicht synthetisch hergestellt sein. Synthetisch hergestellte Öle haben zwar eine annähernd ähnliche Duftnote, sind in ihrer Duftintensität den naturreinen Ölen jedoch weit unterlegen und können vor allem gesundheitsschädlich sein oder allergische Reaktionen auslösen.

Ätherische Öle in Bioqualität werden in der Regel durch Wasserdampfdestillation gewonnen. Dazu wird das Pflanzenmaterial in einen Behälter gegeben, durch den Wasserdampf strömt. Die ätherischen Öle verdampfen zusammen mit dem Wasser

und mit anderen Substanzen. Das Wasser wird dann gekühlt, und die wasserunlöslichen Bestandteile können vom Wasser getrennt werden. Das dabei entstehende „Duftwasser" wird als Hydrolat bezeichnet.
Auch mit Hilfe eines Lösungsmittels wie Hexan werden bei der industriellen Herstellung Auszüge hergestellt. Dabei werden ebenfalls die Duftstoffe aus den Pflanzen (zumeist Blüten) extrahiert. Anschließend wird das Lösungsmittel, meistens durch Alkohol, aus den Ölen herausgewaschen und abdestilliert. Allerdings können Reste davon im Extrakt zurückbleiben, was bei diesem Lösungsmittel für die Gesundheit problematisch ist.
Bei einem manuellen Verfahren, das bei Zitrusfrüchten angewendet wird, zum Beispiel für Zitronen, Orangen und Bergamotte, wird das ätherische Öl aus den Schalen herausgepresst.
Auch bei der Mazeration, bei der Pflanzenmaterial in Wasser, fetten Ölen oder Alkohol eingelegt wird, lösen sich unter anderem ätherische Öle.
Ätherische Öle kann man in kleinen Milliliter-Fläschchen in Bioläden, Drogerien oder Apotheken kaufen. Dabei ist besonders auf gute Qualität zu achten. Sie sollten vor Licht, Luft und Hitze geschützt aufbewahrt werden.

## BENZOE

Benzoe ist ein Harz von wildwachsenden tropischen Storax-Bäumen Südostasiens, aus dem auch durch Alkoholextraktion eine Tinktur sowie ein ätherisches Öl gewonnen werden kann. Reines Benzoeharz hat einen sirupartigen, ein wenig an Vanille erinnernden Duft. Die Tinktur wird oft zur Konservierung eingesetzt, außerdem wird sie in kleinsten Mengen Cremes und Lotionen beigegeben und wirkt lindernd bei allen Hauterkrankungen, die von Rötungen, Entzündungen und Juckreiz begleitet sind.

## BIENENWACHS

Die gereinigten und zu Platten verarbeiteten Bienenwaben werden im Wasserbad geschmolzen und als Emulgator Cremes beigegeben. Bienenwachs macht Cremes geschmeidig bis fest, und sie erhalten damit zudem einen schönen, goldgelben Glanz.

## BLÜTENHONIG

Blütenhonig ist ein hervorragendes Hautpflegemittel, was unter anderem auf dem hohen Gehalt an Enzymen und organischen Säuren sowie auf seinen konservierenden und antiseptischen Eigenschaften beruht. Man muss jedoch bei der Zubereitung von Naturkosmetik mit Blütenhonig darauf achten, dass die Temperatur von 35 °C niemals überschritten wird.

## DESTILLIERTES WASSER

Destilliertes Wasser (*Aqua destillata*) wird durch Destillation von den im normalen Leitungswasser vorkommenden Ionen und Spurenelementen sowie von Verunreinigungen befreit. Ursprünglich wurde Wasser, aus dem mit Pflanzenteilen oder einer Arzneidroge durch Destillation „Pflanzenwässer" hergestellt wurden, so genannt. Ein wenig anders verhält es sich mit *Aqua purificata* (wörtlich: gereinigtes Wasser). Zur Klärung des Unterschieds zwischen beiden wird eine Beratung in der Apotheke empfohlen.

Bei innerlicher Anwendung, wie es zum Beispiel bei Tinkturen und auch bei Mundspülungen der Fall ist, kann destilliertes Wasser die Substanzen verändern, mit denen es vermischt wird. Wird es in großen Mengen oder ausschließlich getrunken, kann es sogar gesundheitsschädliche Wirkungen haben, da es dem menschlichen Organismus Elektrolyte entzieht. Da geht man mit abgekochtem Leitungswasser eher auf Nummer sicher, zumal dessen Qualität sich gemäß der Trinkwasserverordnung in den letzten Jahren flächendeckend deutlich verbessert hat.

Natürliches Wasser ist niemals rein. Es enthält organische Bestandteile, Staub, Bakterien, Kohlendioxid und Salze und inzwischen auch einiges mehr. Verhältnismäßig reines Wasser war früher einmal der Regen, was heute wohl kaum noch der Fall sein dürfte. Für kosmetische Zwecke ist gereinigtes Wasser (*Aqua purificata*) ausreichend. Destilliertes Wasser wird für eine längere Haltbarkeit von kosmetischen Rezepturen verwendet, sofern diese nicht mit Ethanol hergestellt sind oder keine natürlichen Konservierungsstoffe enthalten.

**DUFTWASSER**

Duftwasser lässt sich selbst leicht herstellen. Man nimmt dazu auf 1/8 Liter destilliertes Wasser 2–8 Tropfen eines ätherischen Öls und verschüttelt dies gut. Nicht zu vergessen dabei ist ein Emulgator wie Wachs, Lanolin oder Jojobaöl, damit sich die Zutaten nicht entmischen und vor jeder Anwendung neu verschüttelt werden müssen. Diese Duftwässer sind etwa einen Monat haltbar, wenn ihnen kein Alkohol zugesetzt wird.

**GLYCERIN**

Glycerin ist eine farblose sirupartige Flüssigkeit von süßem Geschmack, weshalb sie auch bis heute unter dem volkstümlichen Namen „Ölsüß" bekannt ist. In reiner Form wird es äußerlich für Einreibungen eingesetzt. Glycerin ist ein erstklassiger Feuchtigkeitsspender für die Haut, zieht jedoch gleichzeitig Wasser aus tieferen Hautschichten und sollte daher stets von anderen feuchtigkeitsspendenden Inhaltsstoffen im Produkt begleitet werden.

**HENNA**

Henna ist ein rotgelber Farbstoff, der aus den Blättern und Stängeln des Hennastrauches (*Lawsonia inermis*) gewonnen wird. Er wächst vor allem in Nord- und Ostafrika sowie in weiten Teilen Asiens, wobei besonders Indien und Pakistan zu nennen sind. Henna wird als natürliches Färbemittel gerne zum Färben der Haare verwendet.

Die Stimmen, die vom Gebrauch von Henna abraten und seinen Einsatz gegen Kopfläuse empfehlen, sind schon lange verstummt. Auch Henna ist salonfähig geworden – und wenn nicht durch die Signalfarbe der Haare beider Geschlechter, dann durch *Mehndi,* die ornamentale Körperbemalung mit Hennapulver, die ursprünglich aus Persien stammen soll und durch die Kunst des Henna-Tatoos regelrechten Kultstatus erlangt hat.

## HYDROLAT

Hydrolate entstehen gewöhnlich bei der Herstellung von ätherischen Ölen als Nebenprodukt bei der Wasserdampfdestillation, sofern sie nicht eigens destilliert werden. Sie enthalten die wasserlöslichen Inhaltsstoffe der Kräuter oder Blüten und haben teilweise ähnliche Wirkungen wie die jeweiligen ätherischen Öle. Sie wirken aber sanfter als diese und können in kosmetischen Pflegemitteln eingesetzt werden. Ohne die Beigabe von Alkohol sind sie aber kaum länger als einen Monat haltbar.

## JOJOBAÖL

Jojobaöl, das aus den Samen des in Mexiko und dem Südwesten Nordamerikas heimischen Jojobastrauchs gewonnen wird, macht 50 % vom Gewicht des Samens aus. Anders als der Name nahelegt, handelt es sich dabei nicht um ein fettes Öl, sondern um ein flüssiges Wachs. Es kann daher in der Naturkosmetik hervorragend als Emulgator (also wie Walratersatz) eingesetzt werden.

## KIESELERDE

Chemisch gesehen handelt es sich bei Kieselerde nicht um Kieselsäure, wie früher oft angenommen wurde. Der Begriff bezeichnet verschiedene siliziumhaltige Ablagerungen, unter anderem mit fossilen Kieselalgen. Sie gilt als wichtiger Baustoff für Körpersubstanzen und dient der Kräftigung von Haut und Bindegewebe, Haaren und Nägeln, Zähnen, Knochen und Knorpel etc. Außerdem eignet sich Kieselerde als sogenannter Schmirgelstoff in Zahncremes und -pasten.

**KRÄUTERÖLE** (siehe auch PFLANZENÖLE)

Kräuteröle lassen sich durch Mazeration von getrockneten oder frischen Kräutern in einem Pflanzenöl leicht selbst herstellen. Dabei gehen die fettlöslichen Bestandteile des Krautes in das Pflanzenöl über. Es gibt grundsätzlich zwei mögliche Zubereitungsarten:

- Die Kräuter werden mit dem Öl zusammen im kochend heißen Wasserbad erhitzt und nach etwa einer Stunde vom Herd genommen und abgeseiht
- oder die Kräuter werden in ein weithalsiges helles Glasgefäß gegeben und mindestens 30 Tage an einem warmen Platz in die Sonne gestellt und danach abgeseiht. (siehe auch MAZERAT)

**LANOLIN**

Lanolin wird auch als Wollwachs oder Wollfett bezeichnet. Es ist das gereinigte Sekret aus den Talgdrüsen von Schafen, das bei der Wäsche von Schafwolle gewonnen wird. Wegen seiner hautpflegenden und -schützenden Eigenschaften wird es gerne in Cremes und Lotionen als Emulgator eingearbeitet. Da es leicht ranzig wird, sollte es kühl und gut verschlossen aufbewahrt werden.

**MAZERAT**

Ein Mazerat ist ein Pflanzenauszug, der durch Mazerieren gewonnen wird. Mit dieser Methode, bei der Pflanzenmaterial in Flüssigkeit eingeweicht wird, können Wasserauszüge (Tees), Ölauszüge (in fettem Pflanzenöl) oder Tinkturen (in Alkohol) extrahiert werden. Das für Kräuter-Öl-Auszüge verwendete Öl sollte immer von bester Qualität sein. Ein dafür sehr gut geeignetes Öl ist natives kaltgepresstes Olivenöl aus biologischem Anbau, aber auch süßes Mandelöl und Sonnenblumenöl sind ebenso gut wie erschwinglich.

## MILCHZUCKER

Milchzucker, auch unter der Bezeichnung Lactose erhältlich, ist eine Zuckerart, die in der Milch von Säugetieren vorkommt. Er süßt nur etwa ein Fünftel so stark wie Industriezucker und hat dabei keine seiner schädlichen Nebenwirkungen. Allerdings gibt es heute etliche Menschen mit einer Lactoseintoleranz, die viele Milchprodukte nicht vertragen, weil ihnen ein Enzym fehlt, das für die Verwertung von Michzucker zuständig ist.

Ganz im Gegensatz dazu hilft Milchzucker beim Aufbau einer gesunden Darmbakterienflora, wenn er innerlich eingenommen wird. Verwendet man ihn in Zahnpasten oder Zahnpulver, dient er zum einen als Schmirgelstoff, und zum anderen ist er ein hervorragendes Mittel zur Behandlung oder Vorbeugung von Zahnfleischbluten.

## NATÜRLICHE KONSERVIERUNGSMITTEL

Als natürliche Konservierungsstoffe kommen eigentlich alle ätherischen Öle in Betracht. Sie konservieren jedoch in sehr unterschiedlichem Grad. Sehr bekannt für seine konservierende Wirkung ist Benzoeharz aus Siam oder Sumatra.

## PFLANZENÖLE

Fette pflanzliche Öle sind die mit am häufigsten verwendeten Zutaten in der Kräuterkosmetik. Pflanzliches Öl pflegt und nährt die Haut, eignet sich gut als Trägersubstanz in Körper- und Massageölen, als Cremegrundlage, Badezusatz oder zur Haarpflege. Olivenöl, Sonnenblumenöl und Distelöl kann man immer verwenden, wenn sie aus biologischem Anbau stammen

und in erster Kaltpressung gewonnen wurden. Weizenkeimöl ist besonders reichhaltig und hochkonzentriert an Vitaminen. Es gehört zu den Ölen, die man pur, aber auch mit anderen Ölen gemischt verwenden kann, ebenso wie das süße Mandelöl, Avocado- oder Haselnussöl, die alle sehr nährend sind.
Da pflanzliche Öle im Kontakt mit Sauerstoff oxidieren, das heißt ranzig werden, sollten sie luftdicht aufbewahrt werden. Sind sie einmal angebrochen, muss man auf die Haltbarkeitsdauer achten; mit einer Beigabe von 10 % Weizenkeimöl lässt sich der Oxidationsprozess und damit die Haltbarkeit etwas verlängern.

## SCHLÄMMKREIDE

Schlämmkreide ist aufbereitete Rohkreide, eine Form von Kalkstein, der durch Ablagerung von Schalenresten prähistorischer Tiere entstanden ist. Als *Calcium carbonicum*, so der chemische Name, ist sie in gereinigter Form in der Apotheke oder im Reformhaus erhältlich. Diese feine Naturkreide, die als Schmirgelstoff oder Poliermittel zur Entfernung von Plaque bei der Herstellung von Zahncremes und -pulver dient, ist in gereinigter Form blütenweiß. Sehr bekannt ist die besonders feinkörnige Schlämmkreide von den Rügener Kalkfelsen.

## TALKUM

Talkum ist ein mineralisches Produkt, das man als Körperpuder verwenden kann. Es ist in der Lage, Wasser und Fett aufzunehmen, und kann daher vielseitig eingesetzt werden. Schon seit einigen Jahren ist Talkum jedoch in Verruf geraten, weil es krebserregendes Asbest enthalten kann. Es gibt mittlerweile jedoch asbestfreien Puder, oder man kann auf Weizenpuder ausweichen.

**TINKTUREN**

Eine Tinktur wird hergestellt, indem man 1 bis 2 Handvoll eines Krautes – je nach Volumen – in ½ Liter 75 %-igem Alkohol (Ethanol), zur Hälfte mit Wasser verdünnt, extrahiert. Dazu gibt man die Kräuter mit dem Alkohol in ein weithalsiges, helles Glasgefäß und stellt es 2 bis 3 Monate an einen sonnigen Platz. Danach seiht man die Kräuter ab und füllt die Tinktur in kleinere Fläschchen ab.

# Rezeptverzeichnis


**A**

Altes Mundwasser-Rezept 140
Aphrodisisches Bad 19
Aphrodisisches Duftkissen 163
Arnika-Lavendel-Puder 110
Aschen-Zahnreinigung 146
Attar Bad (Anti-Stress-Bad) 20

**B**

Bergamotte-Creme 82
Bergamotte-Puder 110
Bier-Shampoo 57
Birkenblätterspülung 63
Blütenkompresse 105, 107
Bräunungs-Sonnenöl 133
Bräunungswasser 130
Brennnesselspülung 63
Buntes Kräuterbad 16

**C**

Cassia-Shampoo 57

**D**

Die Kräuterreinigung 146
Die Salzreinigung 145
Duftband 165
Duftbeutel für den Wäscheschrank 160
Duftende Seifenbälle 46
Duftkissen 161, 163
Duftkugel 157
Duftpuder 109
Dufttäfelchen 164

**E**

Eau de Cologne 104
Eigelb-Schönheitsmaske 115
Ei-Rum-Shampoo 56
Erdbeermilch 84
Essig-Abreibung 24
Essigspülung 59
Ewiger Rosenduft 164

**F**

Fußbad 36
Fuß-Fit-Bad 36

**G**

Gesichtsbad 49
Glücks-Bad 17
Grüne Kräuterkompresse 106

**H**

Haaröl 67, 68
Haarwäsche mit Tonerde und Co. 58
Hamamelis-Rasierwasser 112
Handwaschpaste 47
Hautschutzmilch 85
Henna 70
Honigbad 21
Honigcreme-Packung 117
Honigmilch 84
Huflattich-Erfrischungsfußbad 35
Huflattichlotion 99

**I**

Ipswich-Seifenball 45

**J**

Joghurtcreme-Packung 119
Johanniskrautöl 28

**K**

Kamillen-Hautpflegebad 20
Kamillenlotion 98
Kamillenöl 29
Kamillenspülung 61
Kampfermilch 103
Kampferöl 37
Karotten-Pflegebad 22
Kleiebad 24
Klettenwurzelöl 65
Klettenwurzelspülung 60
Kräuterbad 16

Kräuterkompresse 106
Kräuter-Rasierwasser 113

L

Lavendelcreme 82, 102
Lavendel-Duftsäckchen 162
Lavendel-Handwaschgel 46
Lavendel-Mundwasser 138
Lindenblüten-Rasierwasser 113
Lippen-Sonnenschutz 132

M

Maientau 38
Malvenöl 30
Mandelmilch 96
Meeresbad 22
Meerestaubad 18
Myrrhen-Mundwasser 139

N

Neroli-Honig-Wasser 95

O

Olivenöl-Creme 117

P

Pfefferminz-Zahncreme 142
Potpourri, feuchtes 156

R

Regenwasser-Spülung 60
Rhabarberwurzel 71
Rosencreme 102
Rosmarinessig für die Füße 38

S

Salz-Zahnreinigung 145
Schottische Nelken-Orange 165
Schottisches feuchtes Potpourri 156
Schottisches Handwasser 50
Schwarzer Tee 69
Seifenbälle 45, 46
Senfbad 23
Sommerbad 18
Sonnenmilch 129
Sonnenschutzcreme 128
Spülung für braunes Haar 72
Stiefmütterchencreme 83

V

Verjüngungsbad 19
Verjüngungslotion 97
Vier-Kräuter-Lotion 96

W

Walderdbeer-Gesichtsbad 48, 49
Walnussschalen 69
Wärmendes Senfbad 23
Wegerich-Gesichtsbad 49
Wegerichsaft 34
Weizenkeimöl-Creme 118
Weizenkleie-Essig-Kompresse 106
Weizenkleie-Honig-Packung 115
Weizenpackung 116

Z

Zahncreme 142, 143
Zinnkrautspülung 62
Zitronencreme 101
Zitronen-Sonnencreme 131
Zitronenspülung 58
Zypressen-Mundwasser 139

Liebe Leserin, lieber Leser,

wenn Ihnen dieses Buch gefallen hat, würden wir uns sehr über eine positive und authentische Bewertung freuen. Rezensionen sind ein wichtiges Feedback für uns und ein wertvoller Lohn für unsere Arbeit.

Bewerten Sie direkt über www.windpferd.de oder auf der Homepage Ihrer Lieblingsbuchhandlung.

Vielen Dank,

Shalila Sharamon · Bodo J. Baginski

**Kosmobiologische Empfängnisplanung**

**Die Mond-Methode zur Empfängnis und Verhütung – mit Mondkalender bis 2035**

248 Seiten · ISBN 978-3-86410-313-1

Das Wissen um die Rhythmen und Gesetzmäßigkeiten des Lebens ist so alt wie die Menschheit. Schon immer wurde nach Möglichkeiten gesucht, aus der Erkenntnis dieser Rhythmen größtmöglichen Nutzen zu ziehen.

Sylvia Luetjohann

**Heilpflanze Johanniskraut**

**Mutmacher und natürliche Kraftquelle**

160 Seiten · ISBN 978-3-86410-084-0

Als Heilpflanze trifft Johanniskraut exakt den Nerv unserer Zeit. Seine Inhaltsstoffe stehen in enger Beziehung zu Neurotransmittern, die uns energievoller, sorgenfreier und entspannter sein lassen. Es bringt wieder Licht in unsere Seele und sollte in keiner Hausapotheke fehlen.

Bettina Schmidt

**Die Alchemie der Wechseljahre**

**Die Zeit der Veränderung und des Neuanfangs natürlich begleiten.**

120 Seiten · ISBN 978-3-86410-203-5

Die Wechseljahre – gibt es sie denn wirklich, vor allem aus psychologischer Sicht, oder ist das alles nur Geschäftemacherei der Pharmaindustrie?

Mit viel Heilwissen, Rezepten, Ernährungstipps und Erfahrungsberichten.

Silke Gugenberger-Wachtler | Dr. Ruediger Dahlke (Vorw.) | Dr. Helmut B. Retzek (Vorw.)

**Gesundheit aufs Brot**

**Pflanzliche Aufstriche: Vegan, raffiniert und vollwertig genießen**

120 Seiten · ISBN 978-3-86410-200-4

Ob zum Frühstück oder Abendbrot, als Pausensnack oder zum Dippen – bring eine frische und raffinierte Abwechslung auf dein täglich Brot!

**Leseproben unter www.windpferd.de**